KB188541

세계 선교의 새로운 패러다임(Paradigm)

Joshua Park

인문엠앤비

사랑하는 아내 Kay Suh 권사님과
아들 Ray와 Harry에게

| 책을 내면서 |

목사님이셨던 선친께서 저로 하여금 일평생 선교사역을 하도록 훈련하셨고 또 주를 위해 평생을 바치라고 유언하셨다. 그동안 한국과 미국 그리고 세계 각국을 돌아다니면서 국제 선교를 위해서 한평생을 달려왔다.

한국의 본격적인 해외 선교가 시작된 지 50여 년이 지난 오늘날 한국은 선교 민족이라고 해도 과언이 아니다. 한국 민족은 유대인처럼 디아스포라(diaspora) 민족으로 750여만의 교포들이 세계 각국에 흩어져 살면서 주님의 지상명령인 땅끝까지 복음을 증거하라는 사명을 완수하려고 노력을 하고 있다.

2020년 현재 한국과 해외에 사는 교포 교회들의 선교사들을 포함해서 약 23,000여 명의 선교사가 세계 각국에서 선교사역을 하고 있다.

그동안 한국의 해외 선교에 관해서 많은 책들과 보고서들이 나와 있다. 그러나 저자는 그동안의 한국 선교를 되돌아보면서 한국 선교가 장차 정보통신시대를 맞이하여 어떠한 선교 대책을 세워야 할지 생각해 보았다.

이 책에서는 그동안의 한국 선교의 시대적 Paradigm을 분석해 보고 앞으로 해야 할 새로운 선교 방책을 제시하고자 한다. 이 책의 연구의 기본 자료는 한국세계선교협의회(KWMA)의 보고 자료와 기타 다른 보고서들을 참고하였고 보충 자료로는 그동안 출판된 책이나 논문들의 내용들을 분석 인용하였다.

그리고 이 책의 출판을 위시해서 처음부터 끝까지 지도 편달해 주신 국제복음개혁신학대학 김득해 총장님과 또 이 책의 편집을 도와주신 학장 김종헌 박사님께 감사를 드린다. 그리고 신학대학 이사회를 비롯하여 신학대학 가족 여러분께 아울러 감사를 드리고 끝으로 인내심을 가지고 내조를 아끼지 않은 저의 아내 Kay Suh 권사님과 이 책의 출판을 맡아 주신 인문엠앤비 출판사에도 감사를 드린다.

2024년 4월 Joshua Park

| 축사 |

방지각 목사

(대한예수교 장로회(성경측) 전 총회장, 전 뉴욕 교협 및 목사회 회장.
현 뉴욕 효신장로교회 원로)

Paradigm이란 한 시대 사람들의 견해나 사고를 근본적으로 규정하고 있는 인식의 체계, 또는 사물에 대한 이론적인 틀이나 체계의 '틀'을 의미합니다. 그러므로 천동설과 지동설이 서로 다른 시대의 산물이듯 세계선교에 있어서도 인터넷 시대와 AI 시대의 전략이 바뀌어져야 한다고 봅니다.

패러다임 전환(Paradigm Shift)의 시기에 맞춰 이번 박 여호수아 장로께서 선교학 박사 학위를 수여받음을 계기로 《세계선교의 새로운 패러다임(Paradigm)》이라는 귀한 책을 출판하게 됨을 축하드리며, 박 여호수아 장로의 선친께서 아들에게 "선교사역을 위해 평생 헌신하라"는 당부에 순응하는 의미에서 본서를 우선 출간하게 된 줄로 사료됩니다.

선교는 우리 교회와 성도의 필수입니다. 예수님께서 승천하시기 직전에 하신 말씀이 행 1:8에 "오직 성령이 너희에게 임하시면 너희가 권능을 받고 예수살렘과 온 유대와 사마리아와 땅 끝까지 이르러 내 증인이 되리라 하시니라" "성령이 너희에게 임하시면 증인이 되리라"였습니다.

"되라"가 아니라 "되리라"입니다. 짜게 먹은 사람이 물을 애타게 찾듯이 성령이 잉태되었으나 전도하지 아니하면 병리적인 현상이 일어나게 됩니다. 그러므로 성령 받은 사람은 반드시 주님의 십자가와 부활을 증거해야 합니다. 뿐만 아니라 전도와 선교는 첫 번째, 우리 주님의 지상의 명령입니다. 두 번째, 하나님이 나를 사랑하신 은혜의 최고 보답입니다. 세 번째, 이웃에게 줄 수 있는 최고의 선물입니다.

이 귀한 책이 적시에 출간되었으니 부디 일독을 권하며 축사를 대신합니다.

| 축사 |

김득해 박사(국제복음개혁신학대학(원) 총장)

Joshua Park 박사님의 신간 서적 《세계 선교의 새로운 패러다임(Paradigm)》의 출판을 국제복음개혁신학대학(원)의 이름으로 축하를 드립니다.

박 박사님은 그동안 국제복음개혁신학대학(원)의 이사장으로써 헌신하실 뿐 아니라 더 나아가서 이스라엘을 위시해서 세계 각국을 다니시면서 선교센터는 물론 신학대학 설립에 동참하시고 세계 선교의 기초를 닦아 놓으셨습니다. 이러한 공로를 인정하여 Canada에서 가장 큰 기독교신학대학인 Canada Christian College에서 Joshua Park 장로님께 선교학 박사(Dr. of Missiology)를 수여하셨습니다.

박 박사님은 그동안의 세계 선교의 경험을 통해서 과거의 세계 각국의 선교의 유형들을 집중적으로 연구, 분석하시면서 선교의 성공 사례는 물론 실패의 문제점을 구체적으로 지적하셨습니다. 또한 이

책을 통하여 과거의 구태의연한 선교 방법보다 정보통신시대를 맞이하여 좀 더 효과적이고 효율적이며 조직적인 선교 paradigm을 제시하였습니다.

박 박사님이 특별히 새로운 선교 방법에 대하여 주의 깊게 관찰하고 깊이 연구한 것은 앞으로는 지엽적이고 개별적인 선교를 지양하고 교단이나 교파를 초월하여 구성된 선교기구를 창설하여 전문적인 선교사역자들을 훈련하여 파송하자는 것입니다. 그뿐 아니라 최첨단의 정보통신을 이용하여 세계 어느 곳에서나 선교사역지와 선교본부가 한 지붕 아래 있는 것처럼 상호 긴밀한 협조 하에 선교에 이바지하자는 것입니다.

물론 이러한 제안이 속히 이루어질 것이라는 보장은 없지만 적어도 방향을 제시할 필요는 있다는 것입니다.

끝으로 박 박사님의 세계 선교사역 위에 하나님의 은총과 축복이 늘 함께하시기를 주님의 이름으로 기원합니다.

| 차례 |

책을 내면서 • 4

축사 | 방지각 목사(뉴욕 효신장로교회 원로) • 6

축사 | 김득해 박사(국제복음 개혁신학대학(원) 총장) • 8

서론 • 12

제1장 재래적 선교의 다양한 유형들 • 16

제2장 에큐메니칼 선교 • 34

제3장 한국 디아스포라(Diaspora)에 대한 선교 정책 • 40

제4장 외국인 디아스포라에 대한 선교 정책 • 44

제5장 유럽 디아스포라에 대한 선교 정책 • 48

제6장 세계 선교의 5가지 패러다임(Paradigm) • 54

제7장 한국 교회의 선교 사명 • 80

제8장 한국 교회의 선교적 상황 • 104

제9장 미래를 위한 다양한 선교 전략 • 110

결론 • 114

참고문헌 • 120

서론

예수 그리스도께서 부활 승천하시기 전에 우리에게 지상명령(Great Commission)을 주시면서 땅끝까지 이르러 천국 복음을 전하라고 말씀하셨다.(마 24, 28; 행 1)

지난 2000여 년 동안 5대양 6대주를 거쳐 수많은 선교사들을 파송해서 다양한 선교를 펼쳤으나 성공한 사례도 있지만 실패한 경험도 많다. 21세기에 들어와서는 정보통신인 computer 기술과 internet을 통해 세계 어느 곳에서나 복음 전도를 좀 더 효과적으로, 조직적으로 할 수 있는 것이 가능해졌다. 지금은 지구의 어디서든지 website나 zoom을 통해 다양한 방식의 선교도 가능해진 것은 다행이다. 장기간에 걸쳐 준비해서 긴 여행을 통해 해 오던 선교 사업이 여행도 하지 않고 짧은 시간 내에 선교를 할 수 있게 되었으며 더욱 나아가서 과거의 선교 방식을 탈피하고 현대식 선교 방법으로 전환되어 가는 것도 고무적이다. 또 교통의 편리에 따라 지구촌(Globalization)이 한 지붕 안에 있는 것처럼 가까워져 선교가 더 효과적으로 실행될 수 있게 되었다.

이 책은 과거의 선교 전략 유형들의 문제점이 무엇인가 알아보고 새로운 선교 Paradigm을 모색해 보았다. 제1장에서는 재래적 선교의 다양한 유형들을 찾아 분석해 보았고 제2장에서는 에큐메니칼(Ecumenical) 선교와 연합 선교의 필요성을 제시했고 제3장에서는 한국 디아스포라

(Diaspora)에 대한 선교 정책에 대한 새로운 방향을 모색했고 제4장에서는 외국인 디아스포라에 대한 선교 정책의 문제점을 알아보았다. 제5장에서는 유럽 디아스포라에 대한 선교 정책의 실패와 대안을 지적했고 제6장에서는 세계 선교의 5가지 Paradigm을 제안했으며 제7장에서는 한국 교회의 선교적 사명이 가지고 있는 중요성과 제8장에서는 현 한국 교회의 선교적 상황을 자세히 분석해 보았다. 제9장과 결론에서는 미래에 필요한 다양한 선교 전략과 paradigm의 중요성과 필요성을 강조했다.

제1장

재래적 선교의 다양한 유형들

제1장 재래적 선교의 다양한 유형들

그러면 이러한 새 시대에 부응해서 앞으로 세계 선교는 어떻게 이루어져야 할까 생각해 보지 않을 수 없다. 우선 과거의 선교 방식을 되돌아보고 새로운 방식의 선교 방법을 모색해 보기로 한다.

선교에는 여러 가지 방식(모델)이 있다.

첫 번째 모델은 불행하게도 식민지 사상을 기초로 한 백인우월주의 선교 방식이다.

과거에는 백인 위주의 교회 단체들이 국가의 식민지 정책의 일환으로 남아프리카나 남미 그리고 아시아 등 개발도상국가들(developing countries)에게 기독교 복음도 동시에 전하는 경우가 많았다. 그 일례로 남아공을 침략한 네덜란드의 식민지 정책에 힘입어 네덜란드 개혁교회는 백인 위주의 기독교를 세우게 되었다. 네덜란드 개혁교회는 구약성경의 바벨탑 이야기 속에 사람들이 흩어지는 이야기가 나오는 것을 근거로 해서 백인은 백인끼리, 흑인은 흑인끼리, 아시아 사람은 아시아 사람끼리 흩어져서 살아야 한다는 인종차별적 성서 해석으로 백인 위주의 선교 방식을 택하였다.

이러한 자의적인 성서 해석 때문에 백인은 구원이 예정되어 있으나, 흑인은 그렇지 않다는 개혁파 교회 교리의 악용으로 기독교는 불행히도 인종차별을 정당화하는 오류를 범하게 되었다. 물론 이러한 잘못에 대해 개혁교회에서는 흑백통합정부가 들어선 뒤에 사과함으로써 과거사 청산을 위한 죄책 고백을 실천하였다.

또 한 가지 특징은 서구 문화의 우월성을 내세워 복음 대상국의 모든 문화, 전통, 관습 그리고 종교들을 무시하고 배타적으로 취급하여 서구 문화를 강제로 주입시키려고 하였다는 것이다. 그 일례로 미국장로교의 인도 선교 역사를 들 수 있다.

약 200여 년 전에 미국장로교가 처음으로 인도에 선교사를 파견해서 복음을 전하려고 시도하였다. 파송된 선교사는 인도에 도착하자마자 인도의 힌두종교는 물론 3천3백만여 개의 다양한 잡신들을 타파하고 더 나아가서 인도의 생활 문화까지도 고쳐 보려고 시도하였으나 번번이 실패하였다. 그는 10년의 세월을 허송하고 안식년으로 본국에 돌아와서 선교 보고를 하였는데 선교위원회가 그에게 어떤 선교 방침을 세워서 복음 전도에 힘을 썼느냐고 물었을 때 위와 같은 대답을 하였다. 선교위원들은 그에게 수고했다는 감사 표시를 하면서 그에게 앞으로 3년만 더 인도에 가서 복음을 전도하고 돌아와 달라고 간곡히 부탁하였다. 이때 선교위원들은 이제 인도에 돌아가게 되면 기독교를 전파하지 말고 기독 즉 그리스도만 전하되 그리스도의 신성에 앞서 그리스도의 인성 즉 사랑을 전해 달라고 하였다. 그리스도께서 우리 인간을 사랑해서 이 땅에 오셔서 우리를 위해 십자가에 희생당하셨다고 하면서 선교사님도 인도 사람들을 위해서 희생하려고 왔다고 전하라고 부탁하였다.

기독교(Christianity)라는 뜻은 기독(Christ)과 그 나라의 문화(culture)가 합쳐진 합성어 이기 때문에 Christ만 전해 달라고 분부한 것이다.

이 선교사는 인도에 도착하자마자 그리스도의 사랑을 그들에게 전하면서 그들과 같이 공동생활을 하면서 3년을 지나게 되었다. 인도 사람들은 이 서구인이 이렇게 희생적으로 자기들을 사랑하는 것에 감탄해서 그 선교사에게 물어보았다. 어떻게 해서 이러한 희생적인 사랑을 우리 인도인들에게 베풀 수 있느냐고 물었을 때 그 선교사는 그리스도로부터 이 사랑을 배웠다고 했다. 그러자 자기들에게도 이 그리스도를 소개해 달라고 해서 그리스도를 전하게 되었다고 한다. 결국에는 많은 인도인들이 회개하고 예수를 믿게 되고 교회도 세우고 신학교도 세우게 되었다는 성공적인 미국장로교 선교사역에 대한 글을 읽고 여기에 간단히 소개하였다.

우리는 우리가 전하는 복음이 선교지의 사람들을 변화시키는 일을 하고 있는가? 곰곰이 생각해 볼 필요가 있다. 선교의 사역은 다양하다. 직접 복음을 전하여 사람들의 심령을 변화시키며 구원하는 사역도 있고, 병원을 세워 사람들을 치료해 주는 사역도 있고, 교육기관을 세워 지도자들을 양성하는 사역도 있고, 구제와 개발 사역도 있고, 또 교회가 감당해야 할 다른 다양한 사역들이 있다.

한국선교기관의 시작은 개교회(個教會)나 교단에서 파송된 선교사들로 구성되어 이루어졌다. 한국의 장로교 통합 측 소속인 영락교회에서 한국 선교 사상 처음으로 태국에 최찬영, 김순일 두 선교사를 파송한 것이다. 특히 주목해야 할 것은 백인이 아닌 아시아인이 아시아에서 선교사업을 하게 되는 길을 닦아 놓았다는 것이다.

그런데 이 당시의 선교기관의 기본 목적은 어디든지 가서 빨리 교회를 세우는 것이다. 장로교회, 감리교 성결교 및 침례교회 등 교단 선교회들을 위시해서 초교파선교회들을 포함하여 오랫동안 교회 설립을 추진해 왔다.

이 선교단체들의 기본 목적은 미전도 족속들에게 복음을 전하고 사람들의 필요를 채워 주는 사역을 하고, 믿는 자들을 교회 안으로 인도하여 제자로 삼으며, 그리스도의 지상명령을 성취하도록 교회 설립을 준비시키는 일이었다. 그러나 이 선교단체들의 문제는 현재 교회 설립에 집중하다 보니 교회의 미래를 위해서 장차의 교회 비전에 대하여 별로 신경을 쓰지 못했다는 것이다 또 다른 단점은 교단 사역을 확장하는 일에 치우치다 보니 교단 사이에 불필요한 경쟁의식이 생기기 시작하여 서구 교단들처럼 연합선교를 시도해 보았으나 별로 성공을 거두지 못했다.

그리고 또 이 선교단체들이 실패했던 것은 선교단체들과 새로 세워진 교회와의 관계가 헤게모니 싸움으로 어려움을 겪게 된다는 것이다. 선교지에 설립된 교회들이 성숙해지면 그 교회들을 설립한 선교회들은 점진적으로 현지 교회들을 통제하는 위치에서 물러나야 한다. 그런데 선교회가 현지 교회들을 통제하려고 하면 교회의 발전을 저해할 수 있으며, 현지인들의 교회가 선교회를 통제하려고 하면 선교의 기본 목적과 초점을 잃게 된다는 것이다. 선교회와 현지 교회는 서로의 자율성을 인정해야 한다.

두 번째로 무료로 봉사하는 선교단체이다.

대부분 교회나 교단의 Silver 선교회에서 훈련을 받고 선교지에 가서 단기간 혹은 장기간 무료로 봉사하는 선교이다. 이 선교단체는 기존 선교단체나 교회를 지원하는 Volunteer식의 선교 단체이다.

이 선교단체 중에 주목을 받는 단체로는 현지인들을 위해 성경을 번역하는 일이라든지 건축 사업을 도와주는 일, 문맹인들을 교육시키는 일, 더 나아가서 의사들을 동원해서 치료 사역을 하는 일들이다. 장점으로는 특정 교회나 교파의 영향을 받지 않는다는 것이다. 그러나 복음을 직접 전하지 않는다는 이유로 비판을 받을 수 있으며, 어떤 특정한 교파에 소속하지 않고 선교하기 때문에 교회와 별개의 사역을 하는 것으로 오해를 받을 때가 있다는 것이다.

셋째로 현지인들을 직접 상대해서 그들의 요구를 들어주는 일종의 구제 선교라고 할 수 있다.

예를 들자면 선명회, 기아 대책 기구 같은 기관들이 이 범주에 속한다. 가난한 나라들에게 구제 사업을 하는 일이라든가 선명회처럼 고아나 가난하고 헐벗은 자녀들을 입양하는 일들을 도와주는 선교 사업이다. 이러한 유형의 선교에도 나름대로의 문제가 있다. 성경의 두 가지 큰 계명 곧 하나님을 사랑하라는 명령과 이웃을 사랑하라는 명령에 직접 순종하는 사역을 하는 것은 바람직하다. 또 경제적인 필요도 채워주는 사역을 하는 것이고, 교회나 다른 선교단체들과의 협력하여 도움을 줄 수 있는 것이 장점들이다. 그러나 선교의 궁극적 목적인 복음 전도 없이 구제나 개발 사역으로만은 결코 전인교육 사역이 불가능하다는 것이다.

넷째로 원주민들만을 위해서 특별히 파송 받은 선교사들이다. 일종의 토착 선교라고 한다.

토착 선교란 "원주민의 선교사로서 특별히 훈련을 받고 파송된 전문 선교사로서 원주민과 다름없이 원주민 언어에 능통하고 원주민 문화에 잘 적응할 수 있는 선교사역을 하는 사람들이다. 이 선교사들은 현지인 신자들을 통하여 하는 선교 방법"이다. 돈이 많이 드는 일반 선교사를 파송하는 것보다 상대적으로 적은 돈으로 전문 선교사를 파송하거나 때로는 현지인을 훈련시켜서 전문 선교사로 채용하는 것이다.

이런 방식의 선교의 특징은 현지인인 원주민 선교사들은 비자나 안식년이 필요 없다는 점, 외국 선교사들보다 선교비가 적게 든다는 점, 유창한 본토어로 복음을 전한다는 점이다. 그러나 이러한 선교의 문제는 지나친 의존감을 조장한다는 점, 재정사용에 대한 책임감이 결여될 수 있다는 점, 그리고 현지인들이 이웃들과의 갈등과 반목이 있을 경우 차라리 외국인 선교사만 못할 때가 있다는 점 등이다.

다섯 번째로 신학 교육을 전문으로 하는 선교사역자를 파송하는 것이다.

일반적으로 본국에서 파송된 선교사들의 헌신으로 세워진 교회나 교회단체들의 지도자를 양성하는 선교이다. 현지인 지도자로는 부족함으로 본국에서 파송된 교수들이 현지에 가서 신학교를 세우거나 세워진 신학교에서 현지의 지도자들을 양성하는 것이다.

여섯 번째로 선교의 기간에 관계없이 언제나 가능한 단기 선교이다.

단기 선교란 "기존 현지 선교의 도움 없이 단기로 할 수 있는 사역"을 말한다. 이 선교와 Silver 선교와의 차이점은 Silver 선교가 단기 사역이나 장기 사역이 동시에 가능하지만 이 단기 선교는 특별한 전문지식이 없이 단기간 선교가 가능하다는 것이다. 예를 들어 청년 대학생들이 여름 또는 겨울방학을 위해 현지 선교를 돕는 사역이다.

단기 선교를 전문적으로 하는 단체들 가운데 예수전도단과 같은 단체들이 많다. 단기 선교의 장점은 자기 직업을 가지고 있으면서 단기로 선교지 방문 사역이 가능하고, 방문자들의 선교의 비전을 확인하거나 넓힐 수 있으며, 현지인 교인들과 현지에 있는 선교사들에게 도전과 활력을 줄 수 있다는 점 등이다. 그러나 한 가지 우려가 되는 것은 성숙되지 않고 훈련되지 않은 사역자들이 사역하므로 질적인 사역이 못될 수도 있다는 점이며, 현지 언어와 문화를 적응할 기회를 갖지 못한다는 점, 그리고 지속적인 육성이 어렵다는 점 등이다.

일곱 번째로 특별한 선교단체나 group이나 교단과 관계없이 교회의 성도들이 직접 선교에 참여하는 것이다.

개교회(個敎會)의 직접 선교란 지역교회들이 교단이나 선교회를 통하지 않고 자신들의 이름으로 직접 하는 선교를 말하는 것이다. 예를 들면 대형 교회들의 직접 선교를 말한다. 개교회 직접 선교의 장점은 자신의 교회에 맞는 종족을 선택한다든지 교회의 상황에 맞는 선교 정책을 추진할 수 있다는 점, 지역교회가 재정적인 힘이 있으므로 힘 있게 일을 할 수 있다는 점 등이 있으며 단점으로는 비전문성, 선교하는 교회에 너무 의존한다는 점, 본 교회의 모습을 답습한다는 점, 그리고 협력 사역이 어렵다는 점이다.

여덟 번째로 이웃선교 정책이다.

현지에 거주하지는 않지만 선교지에 관심을 두고 선교하는 것이다. 흔히 비거주 선교라는 것인데 비거주 선교란 “선교지에 살지 않고 자기 나라나 선교지 인근 나라의 전략적인 요충지에 주재하면서 선교지에 드나들며 하는 선교사역”을 말한다. 단기 선교의 범주에 포함시킬 수도 있겠으나 비거주 선교는 단기 선교보다 더 지속적이고 전문적인 선교를 하는 것이다. 이러한 선교의 장점은 전통적인 선교사들의 입국을 허락하지 않는 국가들, 예를 들어 공산국가, 사회주의국가, 회교 국가, 힌두교 국가, 불교 국가 등에서도 사역할 수 있다는 점, 거주 비자가 필요치 않다는 점 등이며, 단점으로는 현지인 신자들과 교회의 사역을 직접 관찰하기가 힘들다는 점 등이다.

아홉 번째로 전문 선교사역이다.

전문인 선교란 “전문적인 지식과 기술을 가진 사람들이 그들의 지식과 기술을 필요로 하는 선교지에 가서 전문분야에 종사하며 선교사역을 하는 것"을 말한다.

조선 말기에 한국이 아직 기독교 선교사들을 받아들이지 않고 기독교 선교를 허락하지 않고 있을 때 한국 선교의 문을 여는데 기여한 미북장로 교회 파송 의사 선교사 호레이스 알렌은 전문인 선교사의 한 모델이다. 장점으로는 기독교 선교사들의 선교 활동이 불가능한 접근 지역에서 창의적이며 합법적으로 체류하면서 사역할 수 있다는 것, 현지인들이 필요로 하는 지식과 기술을 제공하므로 선교지의 필요를 채우면서 환영받고 사역할 수 있다는 점, 또한 자비량 선교도 가능하다는 것이다. 단점으로는 노골적이고, 적극적인 사역을 펼치기가 힘들다는 점, 전문 사역에 종사하다 보면 사역을 위한 충분한 시간적인 여유를 가질 수 없다는 점 등이다.

최근에는 각 교파마다 목사 즉 교역자 중심의 선교사 파송보다 전문인인 의사, 간호사, 사회사업가 전문통역사 등을 파송하는 경우가 많다.

<u>열 번째로 속인주의와 속지주의 선교 정책이다.</u>

한국 초창기의 선교 정책은 대강 두 가지로 나누어진다. 속지주의와 속인주의의 형태다. 속지주의는 본래 선교지가 있는 나라의 정부의 보

호 하에 선교를 하는 정책을 말한다. 그러나 그것이 불가능 한 경우에 자기가 속해 있는 교단의 지시를 받아 하는 선교 정책이다. 처음에는 기독교가 전혀 알려지지 않은 나라에서 선교사들이 조선 정부의 쇄국적인 방침에 따라 선교를 하게 됨으로 본래 계획했던 선교에는 많은 차질이 생겼다. 알렌, 언더우드 그리고 아펜셀라 선교사들이 그 좋은 모델이다. 선교사 알렌은 고종의 어의가 되었고 언더우드나 아펜셀라도 처음에는 왕실과의 유대관계를 통해서 선교 확장을 시도했다. 국가적 목표와 선교적 목표가 일치하지 않았지만 왕실은 이 선교사들의 도움을 통해서 자기들이 추구하는 의료의 도움을 받게 되고 선교사들은 왕실을 통해서 선교의 자유를 꾀하는 효과를 얻으려 했다. 그러나 이 선교는 국가의 어느 정도 통제를 받아 복음을 전하는 효과가 있었으나 정교분리의 원칙에서는 벗어나게 되었다.

속인주의는 선교사가 교단의 지시나 조선(한국) 정부의 상관없이 민중 속으로 들어가서 직접 선교하는 것을 말한다. 스코틀랜드 장로교회의 로스와 매킨타이어는 속지주의와 반대로 조선 민중 속으로 들어가서 복음을 전한 속인주의의 대표적 인물이다. 스코틀랜드는 당시에 한국과의 외교관계가 성립되어 있지 않음으로 로스와 매킨타이어는 처음에는 만주지역에 머물다가 중국과 한국의 무역 중심지인 의주 근처에 있는 고려문에 머물면서 선교를 추진했다. 이때에 그들의 한국 선교의 가장 중요한 선교 방침은 성서를 빨리 한국말로 번역해서 복음을 전하는 일이이라고 생각했다.

그 당시 양반으로 알려진 서상륜을 통해서 복음서가 번역되기 시작했다. 로스와 매킨타이어는 서상륜의 박학다식한 생각을 이용하여 번역에 착수하게 되었는데 그 결과 《예수성교전서》를 출판하게 되었다. 이 번역을 통하여 한국인들은 복음을 접하게 되고 복음은 잠차로 의주를 기점으로 서상륜의 친척이 살던 황해도 장현, 소래에 이르렀다. 그 결과 한국 최초로 1884년에 소래교회가 생겼고 결국에는 로스와 매킨타이어는 언더우드를 만나 한국 최초의 장로교회인 새문안교회를 창립하였는데 그때는 1889년 9월 28일 저녁 7시로 14명이 참석하였다.

한국 선교의 특징은 속인주의와 속지주의의 다소 다른 선교 방식으로 시작되었으나 가장 중요한 선교의 패러다임은 병원, 학교, 교육의 삼각구도 형성으로 이루어진 것이다. 선교사들은 선교 스테이션을 만들어 활동을 하였는데 남장로교를 중심해서는 광주에 광주기독병원, 숭일학교, 광주제일교회가 설립되었다. 평양에서는 장로교를 중심으로 제중병원, 장대현교회, 숭실, 숭의학교가 설립되었고 감리교를 중심으로는 기골병원, 남산현교회, 광성정의학교 설립되었다. 서울에서는 제중원 의학교, 배제, 이화, 경신학교, 새문안교회 정동제일교회가 설립되었다.

감리교가 병원 선교와 학교 설립에 열중하는 이유는 병의 치료의 최후 단계는 신앙생활이라고 믿었고 또한 학교 교육을 통해서 예수의 사랑을 가르치자는 것이다. 그러므로 신사 참배 강요와 종교 교육 배제에도 불구하고 학교와 병원은 살아남을 수 있었다. 그러나 장로교회에서는 기독교 정신 교육은 교회에서 가르치는 것이 옳은 것으로 생각했으므로 교회 설립에 열중했으나 일본 정부로부터 많은 핍박과 억압을 받았다. 아마도 이러한 이유 때문에 한국에는 장로교회가 감리교회보다 더 많은 교회를 설립하게 되는 원인이 되지 않았나 생각된다.

한국 복음 선교가 본궤도에 올라서기 시작하게 됨에 따라 각 교단은 선교 구역 분할 협정을 맺어 할당된 구역을 중심으로 선교 활동을 벌리기 시작했다. 훗날 이 구역 분할이 한국 교회의 신학적, 신앙적 분열의 한 배경으로 작용했다.

미국의 북장로교는 서울, 황해도의 재령과 해주, 평양, 선천 그리고 의주까지 연결했고 남쪽으로는 청주와 대구까지 연결되었다.

미국의 남장로교는 전라남북도와 제주를 차지했다. 이곳은 신학적으로 보수적 경향이 농후했다. 캐나다 장로교는 원산을 출발하여 함경남북도와 간도까지 이르게 되었다. 호주 장로교는 경상남도와 부산을 차지했다.

북감리교는 서울과 서울 남쪽, 경기도, 충청남도(공주), 강원도 남쪽(원주), 황해도 일부, 평안남북도 일부를 거점으로 했고 남감리교는 서울 북쪽, 경기도, 강원도 북쪽(춘천)을 차지했다.

장로교는 지역 배분이 잘되어 있으나 감리교는 지역이 서로 겹치는 것이 많았다. 그 후에 성공회, 성결교 오순절교단이 선교에 참여하기 시작했다.

신학적으로 여러 교파 중에서 가장 진보적인 성향을 가진 교파는 캐나다 장로교회다. 이 교파는 본래부터 사회복음주의를 내세우는 교단으로 캐나다 국가 자체가 자유주의 경향을 옹호하므로 종교도 그 영향을 받는 것 같다. 캐나다 장로교회는 어느 교파보다 먼저 동성애 안수 문제를 다루었고 지금도 학교에서 미성년에게 성교육을 할 뿐 아니라 나아가서 동성애와 이성애 등을 동시에 가르치는 자유주의 교육을 실시하는 국가다. 이 교단과 교단 관계를 맺고 있는 한국 교파는 기독교 장로교이다.

보수적 신학 경향을 가진 교파로는 북장로교, 남장로교, 호주 장로교 등이다. 이중에서 가장 보수적인 교단은 호주 장로교이다. 북장로교는 개인 구원과 사회 구원을 동시에 중요시하는 교단이나 남장로교는 사회 구원에 앞서 개인 구원을 더 중요시하는 교단이다. 초기의 선교사들은 아주 보수적인 사람들로 한국 교회의 보수적인 물결을 일으켰다. 그들은 먼저 한국 문화의 풍토를 바꾸어 놓았다. 그들은 먼저 생활의 질서를 잡고 건전한 문화를 육성하기 위해 담배와 음주의 문화를 기독교 문화에서 배제하려고 노력하였다. 이 때문에 오랫동안 교회 내에서 금주와 금연을 실천하고 죄악시하였다.

지금까지 대강 10가지의 선교 방법을 모색해 보았다. 오늘날의 기독교 선교 환경은 복잡한 양상을 띠고 있으므로 한두 가지의 접근 방법만 가지고는 교회의 선교 사명을 균형 있게 감당할 수 없으므로, 선교지에 따라 독특한 선교 방법을 사용해야 한다. 그리고 이상의 선교 방법들이 조화를 이루어 종합적인 사역이 이루어져야 한다. 결단코 한 가지의 선교 방법만 가지고는 오늘날의 세계를 복음화 할 수 없다. 선교사들과 선교회들은 각자에게 맞는 은사와 부르심에 따라 나름대로의 선교 방 을 채택하고 사역을 하되 다른 선교사나 선교기관들이 하는 사역들을 귀하게 여기고 협력하며 사역하여야 한다.

제2장

에큐메니칼 선교

제2장 에큐메니칼 선교

에큐메니칼 선교의 모델은 단연 사도 바울이다. 사도 바울이 흩어진 유대인들에게 선교한 것처럼, 한국 교회는 물론 해외 한인교회는 분명히 세계에 흩어진 민족들, 그리고 한국에 찾아오는 디아스포라 형제들에게 선교해야 할 사명이 있다. 그 이유는 그들이 바로 찾아오는 한국 땅이 사실상 세상의 땅끝일런지 모르기 때문이다.

한국의 경제 사정이 어려운 20세기 초 한국의 노동자들이 하와이를 비롯해 미국에 고용자로 채용되어 온갖 악조건 속에서 일을 할 때에 미국은 한국인들에게 복음을 전했다. 그리고 1950년 6 · 25 한국전쟁 이후 우리나라가 극도로 가난했을 때 독일에서 간호사들과 광부들에게 취업의 길을 열어 주었을 뿐 아니라 교회의 문을 열어 그들을 예배에 참석하도록 하였다. 또한 그들 중에는 기독교인들이 상당수 있었고 그들 스스로 교회를 찾기도 했고 독일 교인들은 인종차별 없이 한 식구처럼 그들을 반겨 맞아 주었다. 그때 독일 국가교회에서 이들 외국인 노동자들의 신앙을 위해 이민정책을 입안하기도 했고 독일의 선교단체에서는 외국인 노동자들에 대한 선교 전략을 세우기도 했다. 한 가지 주목할 만한 것은 독일 기독교인들이 직접 외국인들에게 선교하려고 하지 않고 한국 목사를 선교사로 요청했다는 것이다. 이것은 독일 교인들이 주인으로써 행세하는 모습을 보여주지 않기 위해서다. 그래서 정부 차원에서 또는 교회단체나 선교회 차원에서 한국 목사, 선교사들이 노동자가 아닌 정식 선교사의 신분으로 독일에 입국하게 된 것이다.

이러한 독일 교인들의 선교 정책을 거울삼아 한국 교회도 세계 선교의 차원에서 한국에 찾아오는 노동자들에 대한 선교 정책을 세워서 실천하는 것이 가장 중요한 과제가 아닐 수 없다. 교회에서는 선교적인 차원에서 외국 노동자들의 권익을 옹호해 주어야 하고 선교해야 한다.

에큐메니칼 선교 또는 디아스포라 선교는 성경적이다. 예수님은 하나님의 택한 백성들이 세속 사회에 흩어져 살면서 죄로 말미암아 멸망받게 된 자들을 구원하시기 위해서 세상에 오셨다. 그러므로 택함 받은 하나님의 자녀들은 영적인 디아스포라들이다. 그래서 예수님을 디아스포라 선교의 원조라고 말해도 과언이 아니다.

바울도 예수님을 따라 흩어진 유대인들에게 복음을 전했다. 뿐만 아니라 세계 선교 역사상 1세기 동안이란 긴 세월을 선교한 영국 교회의 선교기관인 외국 복음선교회는 1701년 왕실의 허가에 의해 이교도 등 토착민들에게 선교하기 시작했다.

최근 Corona 영향도 있겠지만 디아스포라 선교가 다소 주춤해지면서 한국에서의 외국 노동자들의 문제가 심각하게 대두되고 있는 이때에 다행히 영어권에 속해 있는 필리핀 노동자들에게는 필리핀 목사가 기독교의 지원으로 사역자로 초청되어 한국에서 필리핀인들을 상대로 사역을 시작한 것이다.

지금 한국에 유입된 외국 노동자들은 대개 약 30여 개 국가인데 여기에는 대학 교육을 받은 젊은 청년들을 위시해서 다양한 경력을 가진 사람들이 돈을 벌기 위해 대거 한국 땅을 밟게 된 것이다. 2023년 현재 우리나라에서 외국인 노동자들의 수가 무려 150만을 초과하며 이들에 대한 선교 정책은 중요한 과제 중의 하나일 수밖에 없다. 더 나아가서 이들 중에는 탈북민이나 불법체류자들도 있는데 이들에 대한 선교 정책도 수정되어야 하는 중요한 과제를 안고 있다.

한국 교회가 설립한 외국인 노동자 선교협의회는 1996년부터 외국인 노동자들을 위해 선교에 대한 신학적 관점을 재정립하여 한국 교회의 인식 전환을 촉구하고 나섰다. 외국인 노동자들은 하나님이 한국 교회에 보내신 나그네요, 땅 끝에서 다가온 우리의 이웃이다. 한국 교회는 '네 이웃을 네 몸 같이 사랑하라' '나그네를 압제하지 말라'는 이 시대를 향한 하나님의 음성에 귀를 기울여야 한다.

최근에 들어와서 외국인 노동자들 가운데는 중동의 이슬람 국가는 물론 동남아시아, 중앙아시아에서 노동자로 들어온 사람들이 있는데 이들을 영적으로 위로하고 복음으로 변화시키는 일이야말로 선교단체들이 해야 할 일이다. 따라서 외국 지역에 많은 선교사들을 파송하기보다는 이 땅에 찾아온 1명의 외국인 노동자에게 참 사랑의 비밀을 바로 전하는 것이 우선돼야 한다고 보는 것이 도움이 된다.

한국선교훈련원의 보고에 의하면 한국 내 외국인 디아스포라 선교를 다음과 같이 말하고 있다. "한국도 어느새 외국인 디아스포라들이 밀려들어왔다. 그래서 1985년에 국제선교기관에서 외국인들, 즉 디아스포라에 대한 선교 전략을 세운 바가 있다. 그리고 1989년에는 이것을 가시화하여 구체적인 것으로 실천해 왔다."

앞에서 보듯이 디아스포라 선교가 얼마나 중요한지 알 수 있다. 한국 교회는 해외 선교를 위해 수백수천 명의 선교사를 보내는 일도 중요하지만 더 나아가서 한국에 찾아오는 선교 대상자들을 결코 놓쳐서는 안 될 것이다.

과거에 미국은 외국 디아스포라 선교를 조직적으로 운영하여 선교적인 차원은 물론, 국가 외교적인 차원에서 성공한 케이스이다. 왜냐하면 해외 노동자들이 본국으로 돌아가 고급 공무원이나 정책 입안자가 되었을 때에 분명 친미주의자가 되기 때문이다. 그러므로 한국도 들어오는 외국인들을 선교하고, 한국말을 잘 가르쳐서 세계화의 한몫을 감당해야 한다.

제3장

한국 디아스포라(Diaspora)에 대한 선교 정책

제3장 한국 디아스포라(Diaspora)에 대한 선교 정책

외국에 거주하는 한국 교포에 대한 한국 교회의 선교 정책은 다소 등한시 되었다고 볼 수 있다. 그동안 해외 교포 선교에 대해서 별로 관심이 없었던 한국 교회가 늦게나마 선교 전략 차원에 손을 대기 시작한 것은 다행으로 생각된다. 2006년에 대한예수교 장로회 총회선교회의 주관 국제선교포럼이 열렸는데 이때의 주제가 디아스포라 선교에 대한 내용이 있었다. 지금까지는 교포 선교하면 선교가 아닌 양, 해외에 나가 교포 교회 목회를 하면 마치 선교를 외도하는 양 취급하여 왔던 것은 사실이다. 그래서 선교사들이 잠깐이나마 교포 교회를 목회하면 쉬쉬하는 눈치였고, 선교사로서 교포 교회를 목회하면서도 이력서에 경력으로 쓰지도 못했다.

한국인들은 아마 5대양 6대주에 거주하지 않는 나라가 없을 정도로 세계 도처에 흩어져 살고 있다. 2023년 외교부 통계에 의하면 한국인 해외 동포는 전 세계 193개국에 약 7백50만에 이른다고 한다. 교회 수도 1만여 개로 추산되고 있다. 각국에 파견되어 있는 한국총영사관들을 통해 교포들의 권익신장을 위해서 일하고 있지만 교포의 거의 50% 이상을 차지하고 있는 교인들에 대한 대책은 선교단체들이 해야 할 의무가 아닌가 생각된다.

교포 교회들 가운데 많은 한인교회가 미국 교단에 들어가서 미국 교단의 정책에 의존하여 활동하게 됨으로 한국 교회의 전통적인 기독교 문화에 맞지 않는 경우가 많다. 그 일례로 미국 장로교와 감리교에서 주장하는 성소수 옹호 문제에 대하여 반대하는 교포 교회들이 교단을 탈퇴하는 현상이 두드러지고 있으며 이들 탈퇴한 교회들에 대하여 한국 교회나 선교기관들이 어떠한 선교 정책도 마련하지 못하고 있는 실정도 안타깝다.

그런가 하면 한국 교포 2세들은 미국 신학교에서 서구 신학을 배운 다음 졸업 후에 대부분 미국 교회에서 사역하게 됨으로 한국 교회의 정체성(Identity)을 거의 잊어버리게 된다. 일부 2세 교역자들이 1세 교회에서 적응하려고 노력하고 있으나 그들은 이미 미국 문화에 동화되어 있으므로 한국 1세와의 대화가 끊어진 상태에서 한 지붕 두 교회는 별로 성과를 거두지 못하고 있다. 결국 이들 2세들은 독자적으로 따로 2세 교회를 세워서 사역하게 되는 현상을 낳고 있다. 이들 교회는 미국에도 한국 교회에도 적응을 못하는 일종의 고아나 미아의 신세를 면치 못하고 있다.

제4장

외국인 디아스포라에 대한 선교 정책

제4장 외국인 디아스포라에 대한 선교 정책

앞서 언급한 대로 우리나라를 찾아오는 외국인 디아스포라 선교는 이제 서서히 정착단계에 들어서고 있다. 처음엔 외국인 노동자들을 시간이 지남에 따라 불법체류자들로 취급해 왔으나 점차로 한국 정부에서는 형식적으로 외국인 노동력 수입을 인정해 주고 있지만 실제로는 불법체류 운운하기 때문에 여러모로 불합리성을 낳았고, 거기에 기업주들의 무모한 횡포로 국가적 위신만 망신살을 사고 외교적 차원에서 어려움을 당했다.

다행이도 교회 선교기관들의 이들에 대한 공개적인 선교는 힘들지만 외국인 디아스포라 선교에 뜻을 둔 일부 선교단체나 헌신자들의 공로로 이 외국 노동자들에 대한 선교 정책 변화를 이끌어 내어 외국인 디아스포라 선교는 다시 빛을 보게 되었다. 최근에 외국인 노동자 선교를 위해 설립된 국제아시아선교센터는 얼마 전에 "모든 민족들아 그리스도께 답하라"는 주제로 외국인 노동자를 위한 선교대회를 개최했다. 이 집회에는 필리핀, 방글라데시, 인도네시아, 파키스탄, 이란 등 16개 국가 외국인 근로자 1만여 명이 참석했다. 국제아시아선교센터는 외국인 노동자들을 위해 한국지부를 개설하고 외국인 근로자의 고충 등을 복음적 측면에서 상담해 주는 상담소를 개설했다.

이상의 내용을 통해서 보면 이제 대도시의 디아스포라 선교는 대도시 선교 전략의 일환으로 새로운 선교 전략으로 등장했다. 그 외에도 수도권을 중심으로 한 각 도시에 외국인 선교단체들이 설립되어 활발하게 전개하고 있다.

만약 한국 교회가 우리에게 찾아오는 디아스포라 형제들을 등한시하고 그들을 그리스도의 사랑으로 대하지 않고 불이익을 준다면 미래에 기독교적으로, 국가적으로 엄청난 손실을 입게 될 것이다. 그만큼 디아스포라의 선교는 중요한 선교 전략이다.

지금 아프리카나 아시아의 어느 국가에선 벌써 한국에서 외국인 불법 노동자로 학대를 받던 자들이 본국에 돌아가 공항 출입국 관리로, 경찰로 채용되어 한국 입국자들에게 복수적인 보복을 한다는 이야기가 해외 여행자들 뿐 아니라, 선교사들에게도 점점 노골적으로 나타나고 있다는 사실에 주목해야 한다.

제5장

유럽 디아스포라에 대한 선교 정책

제5장 유럽 디아스포라에 대한 선교 정책

기독교의 종주국이었던 유럽의 교회는 명목상 존재할 뿐 신앙의 열정은 사라진 지 오래되었다. 많은 교회는 폐쇄되거나 극장으로 변하든지 아니면 독일처럼 국가에 종속되어 운영되는 경우가 많다.

문제는 어떻게 하면 유럽 교회가 다시 과거의 신앙의 원조 역할을 할 수 있는가 하는 것이다. 국가교회 혹은 유사국가교회들인 기존 교회의 벽을 뚫고 새로운 교회들을 세워야 하는지 의문이다. 대부분의 유럽 교인들은 획기적인 교회 변화를 원하지 않고 기존 교회들과 협동하는 것이 바람직하다고 생각한다. 하지만 그것이 가능한가? 교회 설립에 관여하고 있는 대부분의 선교사들은 국가교회 밖에서 활동하고 있다. 다행이도 일부 독립적 초교파 선교단체들은 그들 자체의 교회를 설립하려고 노력하고 있다.

비록 개신교가 쇠퇴일로에 있지만 아직도 선교단체들은 해외 선교의 열정을 버리지 않았다. 유럽은 아프리카와 중동을 위한 선교 전진기지로서의 중요한 역할을 할 수 있는 요지이다. 중동으로 파송 받은 선교사들의 훈련장이며 안식처이다. 일시 선교지를 떠나 재충전 및 휴가를 지내기 원하는 선교사나, 안식년을 맞이하는 선교사들에게 안식처를 제공해 주는 장소이기도 하다.

독일 함부르크에서는 선교 현지에서 지친 선교사나 휴가 중인 선교사들이 임시로 쉬어 갈 수 있도록, 독일 자유교회 여자 신학교 기숙사를 무료로 사용할 수 있도록 개방해 놓았으며, 이미 한국의 몇 선교사들이 다녀간 적이 있다.

유럽의 경우, 교포 교회의 역할도 무시할 수 없다. 각 교회마다 해외 선교에 열과 성의를 다하고 있다. 때로는 긴급한 일이나, 위험을 당할 때 피난하거나, 안식을 제공해 줄 수 있는 곳이 바로 유럽에 있는 한인 교회와 선교단체이다. 그런 의미에서 유럽의 교포 교회들은 빛도 없이, 이름도 없이, 세계 선교의 대열에서 최선을 다하고 있다.

유럽엔 미국보다는 적지만 난민으로 유입된 유색인종들이 많이 산다. 또한 과거에 영국, 네덜란드, 프랑스, 스페인, 포르투갈, 이태리 등 모든 국가가 과거에 식민지를 통치했던 나라들이기 때문이다. 물론, 독일은 이민 국가도 아니고 그렇다고 과거에 식민지나 유대관계를 갖고 있는 나라도 아니다. 그런데도 해가 가면 갈수록 외국인의 수가 늘어나고 있다.

독일의 경우만 보면 2022년 현재 독일 국적을 취득한 외국인이 6백90만 명이나 된다. 이중 1백50만 명이 EU 회원국 사람들이고, 2백만 명은 피난민, 60만 명은 망명 신청자들이다. 현재 독일에 15년 이상 거주하고 있는 외국인은 2백52여만 명이며, 1982년에서 1992년까지 10년 동안에 76만 명의 외국인들이 독일 국적을 취득하였다.

독일은 유럽의 어느 국가보다 제2차 대전의 책임과 유대인 학살이라는 죄 때문에 타국에서 신청해 온 정치 망명객들에 대한 법률적 보장이 잘 되어 있었다. 물론, 지금은 그 법을 개정하여 예전보다 망명객들의 유입이나 망명객으로 법적 보장해 주는 비율이 훨씬 줄어들었다. 그래도 유럽의 어느 나라보다 정치 망명객들이 많다. 이들이 이슬람이든지, 힌두교도이든지 일단 독일에 오면 국가적인 지원은 물론, 기독교적인 사랑과 구제를 받게 된다. 외국인 선교단체에서 망명객들의 수용소를 찾아다니면서 전도하면 거의가 주님을 믿기로 결신한다. 그리고 교회의 초청을 받으면 전혀 거절하지 않고 응하여 예배 및 성경 공부에 참석한다고 한다.

반면에 장차 유럽 디아스포라보다 우리나라에 찾아오는 외국인 디아스포라들이 앞으로 계속 상승될 것으로 전망하는데 그들 중에는 놀랍게도 외교관 내지는 상사 주재원으로 또는 노동자로, 유학생으로 그리고 관광객으로 찾아올 가능성이 많다고 한다.

정부가 이들을 위한 구체적인 대책을 세우지 못한다 할지라도 기독교는 선교적인 차원에서 정책을 세우고 각 교단과 선교기관이 연대하여 선교사역을 수행해 나가야 할 것이다. 그리고 교단이나 교회가 구체적인 사역을 감당하지 못할 땐 전문 선교 기관을 돕는 일이 우선되어야 한다.

디아스포라 선교는 전 세계로 흩어진 한인 디아스포라뿐 아니라 이제는 전 세계에서 찾아오는 디아스포라를 선교해야 할 때이다. 그러므로 디아스포라 선교는 창조 이후 주님의 재림까지 지속되어야 할 선교의 대과제이다. 그 이유는 7백50만의 한민족이 전 세계에 흩어져 있다면 우리나라에도 120만 명의 외국인 디아스포라가 거주하고 있기 때문이다.

제6장

세계 선교의 5가지 패러다임(Paradigm)

제6장 세계 선교의 5가지 패러다임(Paradigm)

세계 선교는 15세기까지 "보낸다(Missio)"라는 라틴어를 사용했는데 이 단어는 성경에는 언급되지 않고 단순히 하나님께서 그의 계획을 실천하시기 위해서 누구를 선택해서 보내신다는 뜻을 가지고 있었다. 그리고 선교 시초에는 Christian들이 하나님을 위해서 무엇을 해야 한다는 의미는 전혀 없었다. 점차적으로 선교는 복음 전도를 위한 교회사역으로 바뀌었다.

선교라는 의미는 본래 인간의 행위가 아니고 하나님의 세상을 향한 사랑의 실천의 속성으로써 "Missio Dei"라고 신학자들은 주장한다. 신학자 Paul Stevens는 이 "Missio Dei"를 삼위일체의 사역으로 정의하고 있다. 성부 하나님은 최초의 선교사로써 천지를 창조하시고 그의 아들 예수 그리스도를 이 세상에 보내어 인류를 구원하게 하셨다. 성자 하나님은 두 번째 선교사로 이 세상에 오셔서 만민을 구속하시기 위해서 십자가에 달려 희생하시고 다시 부활하셔서 하늘 보좌에 앉아 계시며 그리고 성령 하나님은 세 번째 선교사로 교회를 창설하시고 우리 생활 속에 오셔서 우리의 생사화복을 주관하신다. 그 다음 네 번째 선교사가 하나님으로부터 사명을 받아 땅끝까지 복음을 전해야 하는 사명을 받은 교회라고 말한다.

선교는 인간을 사랑하는 하나님의 강권적인 사역으로 하나님의 선교는 "Mission" 이라는 단수의 명사로 쓰이나 교회를 통한 인간의 선교는 복수인 "Missions"으로 표현된다.

선교학자 David Bosch는 하나님은 인간을 향해 끊임없이 사랑을 보내는 샘물과 같다고 표현한다. 우리 인간은 하나님의 사랑의 선교에 동참할 뿐이다. 그러므로 우리는 문화와 언어와 인종의 경계선을 넘어 그리스도의 사랑을 전하는 선교를 할 뿐이다. 그러므로 세계 선교는 하나님을 본받아 하나님의 사랑을 세계에 전달하는 것이다. 세계 선교는 인간을 향한 하나님의 사랑과 화해와 용서를 전달하는 도구가 되어야만 한다.

그러면 우리 크리스천들은 세계 선교를 어떻게 해야 할 것인가, 그 이유를 몇 가지 소개하고자 한다.

첫째로 선교는 하나님의 영광을 나타내기 위해서 하는 것이다. 둘째로 잃어버린 양 한 마리를 찾아 헤매고 살리는 선교이다.(막 6:34) 예수께서 우리 인류를 구원하시기 위해서 스스로 십자가에 희생하시고 부활하시고 승천하셨는데 그리스도는 하나님의 선교를 직접 육체로 감당하신 것이다. 그리스도의 제자들도 주님을 따라 선교에 동참했고 우리들도 그리스도를 본받아 나의 이웃의 형제들을 위해서 사랑과 희생의 선교를 감당하게 되는 것이다. 그리스도께서 인종의 차별 없이 사랑으로 선교하신 것처럼 우리 크리스천도 세계 어느 나라나 민족이나 문화를 초월해서 선교를 해야 하는 의무를 지니고 있다.

이러한 선교를 위해서 성령 하나님께서 우리에게 능력(Empower)을 주시는 것이다. 그리스도께서 모든 나라와 민족에게 화해와 용서를 주셨다는 것을 알리기 위해서 성령 하나님은 교회를 선택해서 그 임무를 담당하게 하신 것이다. 그러므로 교회가 단순히 선교의 의무를 가진 것이 아니라 선교 그 자체가 바로 교회를 참 교회답게 만드는 것이다.

세계 선교는 무엇보다 일관성도 있지만 다양성을 가지고 있는 것이 특징이다. 우선 선교지 주민들과 일심동체로 어울리면서 그들의 문화적 배경과 습관 및 종교들을 이해하려고 애를 쓰면서 점차로 그리스도에 대한 신앙을 전하는 방법이다. 그리고 이들 민족들의 존엄성을 지켜 보호해 주되 강제로 기독교로 개종하도록 하지 말아야 한다.

그들의 언어와 문화와 예술 및 문학 등을 배워가면서 인내심을 가지고 서서히 복음에 접근하도록 해야 한다. 과거에 노예제도가 시행되고 있을 때는 오히려 선교사들도 복음의 종이라는 비유를 들어가면서 언제든지 하나님께서 그들을 노예에서 해방시켜 줄 것이라는 희망을 주는 선교도 중요했다. 때로는 선교지 주민들에 대하여 나라가 잔악한 행위를 할 때는 정부에 대항하여 억압된 형제들을 대변해 줄 수 있어야 한다.

특히 사랑의 복음을 전하는 방법 중에 가난한 선교 지역에 가서 고아원을 세우고 기독교 학교를 세워 간접적으로 복음을 전하는 것도 좋은 방법이다.

또 하나의 좋은 방법은 외국에서 의학을 전공한 뒤 본국에 돌아가서 의술을 통하여 복음을 전하는 방법이다. 위험한 방법이지만 모슬렘 국가 등 기독교가 불법 종교로 인정된 나라에 성경을 몰래 가져와 그들에게 복음을 전하는 것이다.

여러 교단들이 협동하여 현지 교회들을 총동원하여 대중 집회를 열어 결신자들을 얻는 방법도 유행하였다. 때로는 미신과 잡신들이 많은 나라에 가서 강권적으로 복음을 전하기도 하고 모슬렘이 강한 중동 국가에서는 기독교의 화해의 복음을 가지고 대화를 시도하고 또는 크리스천 음악인들을 동원해서 복음을 전하기도 하며 성경을 그 나라의 언어로 번역하여 간접적으로 복음을 전하기도 하였다.

선교 운동은 기독교 초기부터 시작되었다. 그러나 세계 선교는 천주교가 개신교보다 200년이나 앞서 시작했다. 개신교는 16세기 후반에 선교를 본격적으로 시작했다. 츠빙글리, 루터, 칼뱅은 종교개혁을 이루는 동시에 선교에도 힘을 썼으나 종교개혁에 주력하다 보니 괄목할만한 성과는 얻지 못한 것으로 알려져 있다. 그러나 복음이 세계 각국에 보급되므로 점차적으로 세계 선교는 자리를 잡기 시작했다.

오늘날 우리의 가장 큰 과제는 어떻게 하면 그리스도의 복음을 효율적으로 전할 수 있을 것인가? 하는 것이다. 아래와 같이 대강 5가지의 선교 paradigm이 적용될 수 있다고 본다.

선교 Paradigm의 첫째 목적은 개척 선교이다. 선교사 랄프 윈터는 개척 선교를 "전방 선교(Frontier Mission)"라고 했다. 가서 아직도 복음을 듣지 못한 사람들에게 복음을 전하라는 로마서 15:20절 말씀에 귀 기울이자고 주장한다. 사도 바울은 그리스도의 이름을 부르는 곳에서는 복음을 전하지 않기로 힘썼다고 했다. 어떤 도시나 마을에 예수의 이름이 전파된 곳은 가지 않았던 복음 개척자였다. 이것이 오늘날 교회들이 따라야 할 선교의 본이라고 생각한다.

많은 교회들이 선교 운동을 하는 것은 의미가 있지만 선교 자원과 선교사를 어디에 보내고 어떻게 보내야 하는지가 더 큰 문제이다. 좀 더 자세히 분석해 보면 선교사를 보내는 데 있어서 불균형하게 보내고 있는 것이다. 교회나 선교단체들이 선교라는 형식에 많이 치우쳐 참다운 선교가 이루어지지 못하고 있다는 것이다. 진정한 선교는 복음이 들어가지 못한 미전도 종족에게로 선교사를 보내는 것이 우선이 되어야한다고 본다.

Paradigm의 다른 목적은 종족 단위로 복음을 전하는 것이다. 요즘에 우리는 “People Group”이란 말을 듣는다. 맥가브란 박사로부터 시작해서, 랄프 윈터가 이 “People Movement”에 대해서 강조한다. 세계의 모든 교회들이 이것을 이해하기 시작했다. 지난 약 50년 동안 이 아이디어가 선교하는 이들에게 하나의 모토가 되었다. 윈터 박사는 우리는 먼저 같은 족속에게 복음을 전해야 한다고 주장한다.

랄프 윈터 선교사는 "Missional Church"를 강조한다. Missional Church라는 말은 1) 성경(말씀), 2) 교회 공동체 그리고 3) 이웃을 가리키는 삼각관계(Triangle Mission)의 선교를 말한다. 선교 또는 전도는 장기간의 계획을 세워서 하는 것보다 오늘 내가 복음(성경)을 들고 매일, 매시간 이웃 형제들과의 대화를 나누며 주님의 지상명령인 땅끝까지 복음을 전하는 선교를 말한다. 그래서 사람들이 자기 족속에게 복음을 먼저 전하도록 하는 것이다. 어느 나라나 자체 내에 교회 공동체가 있어서 복음 전도가 쉽게 이루어질 수 있다는 특징이 있다. 이 정의에 의할 것 같으면, 교회 공동체내에 20% 정도의 신자들이 복음 전도의 사명을 가지고 있다면 가능하다는 것이다. 20%의 사명감이 있는 신자들이 나머지 사람들을 전도할 수 있을 것이라고 보기 때문이다. 오늘날 불행하게도 선교라는 것이 한 사람 한 사람을 대상으로 전도하는 것을 선교로 간주하지 않기 때문이다. 이런 방법으로 종족 단위로 복음을 전하기 전에 한 개인의 구원이 더 중요하다는 것을 강조해야 하는 것이 당연하다고 랄프 윈터 선교사는 강조한다.

개인 선교 다음으로 종족 단위 선교가 Paradigm의 중요한 요소이다. 1995년에 서울에서 선교 대회가 열렸다. 그 당시 통계를 통해 발견한 것은 약 17,000개의 미전도 종족이 있다는 사실이었다. 이것을 동질 종족 단위로 나누어 보니 1,735개의 미전도 종족이 있었다. 1995년 이래로 2000년까지, 즉 5년도 못되어 모든 교회들이 서로 연합하여 노력한 결과 그 숫자가 1,500개로 줄어들었다. 지금은 약 700여 개로 미전도 족속들이 점차 줄어들고 있다. 그것은 오늘날 교회나 선교단체가 종족 단위로 미전도 종족 선교에 헌신한 결과라고 볼 수 있다.

다음으로 총동원(Total Mobilization) 선교는 Paradigm의 구심적인 요소이다. 모든 교회 성도들이 이 선교에 참여하는 것이다. 흔히 선교에 대해서 말할 때, 두 가지 종류의 선교 신자들을 말할 수 있다. 하나는 가는 선교인이고 또 하나는 보내는 선교인이다. 모든 교회 신자들은 이 둘 중에 하나에 속해야 하며 중간은 없다. 어떤 형제는 보내는 일에 부름 받았을 것이다. 이들은 계속 기도하고 지원하는 일을 한다. 어떤 형제는 가는 일에 부름을 받았다. 모든 교회 성도들은 이 두 종류에 연루되어 있다. 세 번째 종류의 신자는 없다. 어떤 신자들도 나가거나, 보내는 사명이 있다고 말할 수 있다. 이것은 성경적이기 때문이다. 가거나, 보내는 사람이나 하나님 앞에서는 똑같은 가치가 있다고 본다. 사무엘 상 30장 24절에 그 기초되는 원리를 발견한다.

다윗은 많은 전쟁을 치렀고, 우리도 사실상 영적인 전쟁에 참여하고 있다. 다윗은 두 종류의 사람들로 구분하여, 하나는 전쟁에 나간 자들이고, 또 하나는 소유물 곁에서 지키는 자들이었다. 세 번째는 없었다.

누구나 나가지 않는다면, 홈 Front에 남아서 나가 있는 이들을 도와주는 일을 한다. 이 두 종류의 사람들은 서로 협력해야 한다. 다윗은 전리품들을 이 두 사람들에게 똑같이 나누어 주었다. 즉, 이 두 종류의 가치를 동일하게 취급한 것이다. 많은 성도들이 선교는 선교사가 하는 것이라고 생각하고, 그저 교회를 지키는 것으로 자기 역할을 다했다고 생각한다. 이들은 결코 나간 선교사들과 동일한 책임량을 하나님께 받은 사실을 잊어버리고 있다. 이 두 종류의 사람들은 하나님께 많은 책임을 나누어지고 있는 것이다. 군사들이 전방으로 나가 전쟁을 할 때 이들은 많은 보급 물자가 필요하다. 탄약, 식량, 물, 기타 물자들이 필요하다. 우리는 교회 신자들을 교육해야 할 필요가 있다. 아무도 그냥 있을 수는 없는 것이다. 아무도 나는 주님께 부르심 받지 않았다고 말할 수 없다. 대다수의 성도들이 선교에 대하여 무관심하다. 이것이야말로 선교를 후퇴하게 하는 중요한 요소가 되고 있다. 우리는 선교사역을 교회의 부분적 노력으로 하나로 보아서는 안 된다.

대한예수교장로교(합동) 교회는 대략 12,000개가 넘는다고 하지만 단지 48%의 교회만이 선교에 참여하고 있다고 한다. 그것은 52%의 교회 즉 반 이상의 교회가 아직 제대로 선교를 하고 있지 않다는 것이다. 선교를 하지 않는 것은 매우 쉽다. 그저 비즈니스 하듯이 자신의 교회만을 돌아보기는 쉽다. 매 주일 교인들이 참석하는 것으로 만족하고, 선교하지 않는 것은 쉽다. 그러나 성경을 심각하게 읽으면, 성경은 처음부터 끝까지 선교에 대하여 말씀하고 있다. 성경은 선교에 대하여 말하고 있다. 하나님은 선교의 하나님이시다. 첫 번째 타문화권 선교사는 하나님 자신이시다. 하나님은 선교적 차원으로 예수 그리스도를 이 땅에 보내셨다. 그리고 하늘을 버리시고 이 땅에 오신 타문화권 선교사인 예수 그리스도 이상의 선교사가 어디 있겠는가? 하나님이 보내신 예수님은 선교적 하나님이시다.

성령께서는 어떠하신가? 성령 하나님께서도 선교적 하나님이시다. 사도행전 1:8절을 보라. 성령께서 임하시면 예루살렘, 유대와 사마리아와 땅끝까지 이르러 증인이 되리라고 했다. 선교는 성령께서 임하실 때만 가능하다는 것이다. 선교는 교회의 생명줄이다. 우리가 주님과 동역만 한다면. 총동원이 필요하다. 여러분의 교회들에게 말해야 한다. 하나님께서 모세를 사용하셔서 이스라엘을 이끌어내셨듯이, 여러분이 선택을 해야 한다. 보내는 사람이 될 것인가? 아니면 나가는 사람이 될 것인가? 중간은 없다. 이것이 동원이다.

랄프 윈터 박사는 Paradigm의 하나로 협력 선교를 주장한다. 그는 모달리티(modality: 교회)와 소달리티(sodality: 단체)라는 선교 개념으로 설명하고 있다. 이 둘은 교회와 선교단체(parachurch)의 개념이다. 선교단체란 교회를 돕는 것이며, 교회를 섬기는 기관이다. 이것을 선교단체 운동이라고 한다. 이런 것이 성경에 있는가? 사실은 초기부터 교회를 돕는 무리들이 있었다. 초대교회 예루살렘교회와 안디옥교회가 그런 경우이다. 안디옥교회는 선교 팀을 파송했다. 바울과 바나바는 교회에 의해 보냄을 받았고 선교 여행을 떠났다. 그리고 그들은 다시 교회로 돌아와서 보고를 했다. 이들은 실제로 교회의 확장이었다. 교회를 섬겼던 것이며, 그들은 교회의 연장이었다. 이들은 전도하고 교회 개척하는 팀이었고, 하나의 선교단체 그룹이며, 소달리티라고 할 수 있다.

교회 초기 역사부터 교회와 선교단체의 선례가 있었다. 그리고 중세에 와서도 동일했다. 교회가 있고 수도원들이 있었다. 수도원은 무엇을 했는가? 두 가지 주요한 일은 성경을 손으로 복사하는 일이었고, 오늘날의 성서 공회와 비슷한 일을 했다. 두 번째는 수도사들을 훈련시키는 일이었다. 그들의 선교사를 훈련한 것과 마찬가지였다. 그리고 성서 공회요 신학교는 선교단체 가운데 하나라고 볼 수 있다.

그래서 중세 시대에도 교회와 선교단체가 공존했다는 사실이며, 오늘날까지도 계속되고 있다. 이것은 하나님의 두 팔이다. 세계 선교를 위해서 오늘날도 성서 공회가 있고 신학교가 있다. 이들의 목적은 교회를 섬기는 것이다. 다른 말로 해서 모든 선교단체 집단은 교회 중심적이

되어야 한다. 그들의 목적과 목표는 교회의 유익을 위해서 집중되어야 한다. 교회와 선교단체가 긴밀한 관계를 가져야 한다. 그러나 유감스럽게도 때로 이 둘은 서로를 이해하지 못하고, 진짜 목적을 잊어버릴 때가 있다. 오늘날 한국 교회에서도 교회와 선교단체가 긴밀하게 협력해야 한다. 서로 손을 잡아야 한다. 한 걸음 더 나아가서 교회 안에도 Para church가 있다. 한 교단 내에 선교단체가 있다고도 할 수 있다. 교단 안에 있는 선교단체는 그 교단을 섬기는 것이다. 그들은 서로 다른 행정 방법과 제도로 분리되어 있을지라도 목적은 하나인데 교회를 섬기는 것이다. 이 둘은 하나님의 양팔처럼 일하고 있는 것이다.

Paradigm에서 가장 강조하는 것은 선교 구조에 관한 것이다. 누가복음 5장 37-38절에 보면 '새 포도주와 새 부대'의 비유가 나온다. 선교에는 구조가 필요하다. 어떤 교회에서는 선교 구조는 별로 중요하지 않고 성령의 역사가 중요하다고 보기도 한다. 어떤 교회는 지나치게 조직이나 구조에 과민한 경우도 있다. 그러나 사실 구조는 하나님의 일을 추진해 나가는데 굉장히 중요하다. 교회는 공동 목적을 향해서 노력을 집중해야 한다. 주님께서 오늘 구조에 대하여 말하고 있다. 아무도 새 포도주를 낡아진 부대에 넣는 사람이 없다. 그러면 터질 것이다. 그러면 포도주를 엎지를 뿐 아니라 부대도 터질 것이다. 새로운 포도주는 새 부대에 넣어야 한다. 교회의 선교 구조는 계속 발전해 나가야 한다. 그리고 많이 개혁해 나가야 한다. 새로운 새 시대의 필요에 응해야 하는 것이다.

여기서 기본 원칙은 같다. 그러나 구체적인 접근 방법은 달라져야 한다. 새 부대는 새 술을 받아야 한다. 어떻게 하면 균형을 유지할 수 있는가? 교회가 옛것을 완전히 버릴 수는 없지만, 원리는 같은 것이다. 교회가 변화를 원할 수도 있고 원치 않을 수도 있다. 특별히 선교에 있어서 그럴 수 있다.

허드슨 테일러 선교사가 중국에 왔을 때, 쉽지는 않았다. 그러나 양식은 단순했다. 한 손에 성경을 들고 한 손에는 약을 들었다. 그리고 거리의 병든 아이들에게 약을 주고 치료해 주었다. 아이들의 병이 낫는 것을 보고 부모들이 선교사에게 와서 감사했다. 그래서 약을 가지고 복음의 접촉점에 이용했다. 어린아이들을 통해서 그들의 가족 안으로 들어갔다. 굉장히 사역이 잘되었다. 오늘날도 적용될 수 있다. 그러나 세계는 변화되고, 점점 교육열이 강해지고, 사람들은 지적으로 발전하고 있다. 그러므로 선교사의 접촉 방법도 날마다 개혁을 해야 한다. 그리고 보통 사람들에게 접촉하도록 하고, 지적인 사람들에게도 접촉하고, 학생 운동에도 관여하고, 다른 종교 지역에도 접촉해야 하고, 지방 종교와 더불어 어떻게 그들을 뚫고 들어갈 것인가, 또한 정치적 상황의 변화 속에서 어떻게 복음을 전할 것인가를 생각해야 한다. 주님의 말씀처럼 뱀

처럼 지혜롭고 비둘기처럼 순결해야 한다. 어찌하든지 사람들을 그리스도 앞으로 인도하고 주님의 교회를 세우도록 해야 한다. 그러므로 선교 방법은 그리스도의 필요와 함께 같이 걸어가야 한다. 교회는 계속해서 새롭고 새로운 가죽 부대를 만들어가야 할 것이다.

여기서 구조에 대하여 몇 가지를 지적해 본다면 어떤 교회는 교회를 중심으로 선교하는 단체가 있다. 지 교회가 직접 선교사를 파송하는 경우이다. 이들은 파송도 하고 선교사 감독까지도 한다. 그래서 교회가 직접 선교하는 타입이다. 또 다른 형태는 지역교회가 분리된 독립 선교단체를 통해 선교하는 경우이다. 그 외에도 교회가 교단에 선교사 파송을 의뢰하는 것이다. 교단이 선교위원회를 특별히 구성하여, 교단 안의 선교단체를 구성하는 경우이다. 교회는 교단 선교부를 통해서 선교사를 파송한다.

한 교단 내에 한 선교단체가 있다면 가장 이상적이다. 이 선교단체가 선교사들을 충분히 지원할 수 있다면 다행이다. 그 선교단체가 보낸 선교사들의 필요나, 자녀 교육 문제 등 모든 것을 다 돌볼 수 있다면 더욱 추천할 만하다. 교단 내 선교단체가 있어서 이 모든 문제를 다 감당할 수 있으면 아주 이상적이다. 그러나 개교회가 선교사를 보낼 때 장, 단점이 있다. 개교회가 직접 선교사를 보낼 때 선교사와 직접적인 관계가 있다는 점에서 좋은 장점이 있다. 그러나 한 지역교회가 선교의 전문인을 갖고 있지 못하다는 점이다. 선교지에 사람을 보내어 선교사를 돌아볼 인력이나 전문성이 없다는 것이다. 현지의 문제 해결을 위해서 그렇게 하기가 어렵다. 그러나 교단 내 선교단체에는 좀 더 많은 선교 전문가들이 있다. 그러나 문제는 한 선교단체만을 가지고는 모든 인력을 돌아볼 여력이 없다는 것이다.

그러면 선교가 주님의 지상명령이기는 하지만 그 이외에 다른 이유가 있는가라는 질문은 예수를 믿는 사람들이라면 한번쯤은 심각하게 던져 보아야 한다. 왜냐하면 이 질문을 던지고 여기에 대한 바른 답을 찾을 때 선교에 대한 바른 인식을 가질 수 있기 때문이요, 또한 하나님께서 원하시는 바른 선교를 할 수 있기 때문이다.

무엇보다 선교는 재림의 긴박성 때문이다. 하나님은 신실하신 분이다. 신실하신 그 분이 약속하시기를 예수님의 재림은 곧 이루어질 것이라 하셨다. 그러므로 이 예언은 반드시 성취될 것이다. 그런데 이 시간은 날마다 다가오고 있다. 재림이 다가올수록 우리가 해야 할 일은 복음을 전하는 일이다. 만방에 복음을 전하는 일을 뒤로 미루다가 예수님 오시면 그 사명을 감당하지 못한 것에 대한 책임을 어떻게 답변할 것인가? 예수님 오시면 아무 소용이 없다. 선교는 후에 할 일이 아니라 지금 할 일이다.

그다음, 선교는 위에서 언급한 대로 주님의 명령이기 때문이다. 그리스도의 명령인 것은 행 1:8, 마 28:18-20에 기록되어 있다. 이 말은 창 12:3, 사 49:6의 말씀과 연결되어진다. 선교 명령은 주님의 유언으로 주어진 것이다. 그러므로 선택의 여지가 없이 반드시 행해져야 할 의무다. 그러나 이 명령은 의무로서만 아니라 사랑으로 해야 한다. 이것은 그리스도에 대한 사랑에서 비롯된다. 억지로 하는 것이 아니라 자원함으로 해야 한다. 거저 받았으니 거저 주어야 한다.

인구는 급속도로 증가하고 있는데 영접하는 자는 그렇지 못하다. 그러므로 이 시대를 구원할 사명을 감당하기 위해서는 선교가 필요한 것이다. 이 명령은 교회의 사명이요 성령께서 요구하는 사명이다. 전하는 자가 없이 어찌 듣겠으며 듣지 않고서야 어찌 믿을 수 있겠는가? 성경은 지적하고 있다.

그리고 중요한 것은 교회와 선교의 불가분의 관계 때문이다. 선교는 교회의 본질이다. 방주로써의 역할을 다하기 위해서는 선교를 책임져야 한다. 교회는 에클레시아라고 하는데 이 말은 불러낸다는 뜻이다. 불러낸다는 것은 곧 선교한다는 말이다. 그러므로 선교와 교회는 일치되어 있다. 선교는 교회의 사역이고, 교회는 선교적인 교회다. 기독교가 처음부터 선교적인 공동체가 아니었다면 교회는 이미 끝이 났을 것이다. 초대 교회도 선교하는 교회였다. 하나님은 우리를 구원하시기 위해서 예수님을 보내주셨고 예수님은 또 다른 사람을 구원하시기 위해서 우리를 보내셨다. 우리를 통해서 일하신다는 것이 중요하다. 주님은 추수하게 된 곳에 우리를 보내신다. 우리를 사용하지 않고서는 선교를 하지 않으신다. 우리의 사역을 통해서 하나님의 선교는 이루어진다.

사도 바울이 지적한 것처럼 선교를 통해서 복음을 전하지 않고서는 견딜 수 없는 사명감 때문이다. 파수꾼이 전달하지 않으므로 인해서 생기는 사고에 대해서는 그 책임이 전적으로 파수꾼에게 있다. 사도 바울은 고백하기를 이 복음을 전하지 않으면 내게 화가 있으리라고 했다. 전해야 할 사람이 전하지 않으면 그 책임은 그 사람 자신에게 있는 것이요, 나중에 주님께서 책임을 물으실 때 책임을 져야 한다. 하나님의 택함을 입은 사람들 중에 아직 예수를 영접하지 않은 사람들이 무척이나 많이 있다.

해외에는 복음을 접하지 못한 하나님의 택함을 입은 사람들이 더욱 더 많이 있다. 이들은 모두 굶주린 영혼들이요 복음을 갈망하는 영혼들이다. 복음을 전하는 자들이 없이 어찌 들을 수 있으며, 듣지 않고 어찌 예수를 그리스도로 영접할 수가 있겠는가? 이들에게 전하기 위해서는 세계 선교가 필요하다.

국내에도 아직 복음을 접하지 않은 사람이 많이 있으니 국내에 우선을 두자고 하는 말도 일리는 있으나 하나님의 영혼은 국내외가 없음을 알아야 한다. 유럽이나 미국은 교회도 많이 있고, 교회 관련 연구 기관 및 단체, 시설도 많이 있다. 방송국, 신문사, 학교, 서적 등 각 분야에 없는 곳이 없다. 그러나 대부분의 제3세계는 빈곤에 빠져 있다. 교회는 작고 미약하며 주로 사회의 하층민으로 구성되어 있다. 거의 빈곤한 상태이다. 그러므로 교회는 빈곤하다. 전임 사역자를 지원할 능력이 없다. 이러한 가난한 나라들에게는 선교가 반드시 필요하다.

선교가 가장 중요한 것은 선교하지 않는 교회는 망하기 때문이다. 예루살렘교회는 성경에 기록된 대표적인 교회다. 그들은 자체적 부흥을 이룩하였다. 성령이 충만한 교회였다. 성령이 충만하여 내부적 기쁨도 있었다. 구제도 있었다. 전도도 있었다. 사도행전 2장 40절 이하를 보면 주위의 사람들에게 칭송을 받는 교회였었다. 그 결과로 인하여 믿는 사람들의 수가 날마다 증가하는 교회였었다. 그러나 그들은 땅끝까지 복음을 전하라는 주님의 선교 명령은 제대로 수행하지 못했다. 그 결과 그들은 강제로 나뉘어짐을 당하게 되었다.

예루살렘교회에 큰 핍박이 생겨서 그들은 디아스포라로 흩어지게 되었다. 중세 유럽의 교회가 한참 부흥할 즈음에 그들이 했던 중요한 일의 하나는 교회를 아름답게 짓는 것이었다. 그들은 외적인 교회의 아름다운 모습을 유지하려고만 하였지 복음을 들고 세계로 흩어질 생각은 하지 못하였다. 그 결과 지금 그들에게 남은 것이란 돌로 지은 아름다운 교회일 뿐이다. 그 안에 하나님께 예배하는 사람은 없다. 건물을 구경하기 위해 찾아오는 관광객은 있을지 모르나 하나님께 예배하는 사람들은 극히 적다. 선교하지 않는 교회는 핍박을 당할 뿐만 아니라 그 교회 자체가 존재하기 어려워진다.

놀라운 사실은 선교하는 교회는 부흥하기 때문이다. 교회가 성장하게 되는 것은 선교를 통해서 이루어진다. 선교하지 않는 교회는 성장하지 않는다. 성장하지 않을 뿐만 아니라 자체적으로 썩는다. 웅덩이의 물은 썩을 뿐이다. 옹달샘은 물을 흘려 내보낼 때에야 썩지 않는다. 썩지 않을 뿐만 아니라 더 많은 싱싱한 물을 솟아나게 한다. 마찬가지로 자기 지엽적 생각을 가지고 세계 선교에 동참하지 않는 교회는 더 이상의 성장을 이룰 수 없으나 세계 선교에 동참하는 교회는 더욱 더 큰 부흥을 이룰 수 있게 된다.

하나님께서는 우리를 만드실 때 은혜의 통로(PIPE)로 만드셨지 은혜의 저장소(TANK)로 만들지 않으셨다. 하나님의 복음을 거저 받았으니 거저 주도록 은혜의 통로로 만드신 것이지 은혜를 저장하고 혼자만 누리도록 탱크로 만드신 것이 아니다. 그런 의미에서 선교하는 교회는 주는 교회요, 주는 교회는 사명을 다하는 교회요, 사명을 다하는 교회는 부흥하는 교회가 될 것이다.

끝으로 선교는 이 시대의 기독교의 마지막 과제이기 때문이다. 복음전도는 전 세계적 과업이다. 기독교 국가의 인구는 증가되지 않는 반면에 비기독교 국가의 인구는 폭발적으로 증가하고 있기 때문에 전 세계적으로 기독교인이 차지하고 있는 비율은 떨어지고 있는 상태다. 25년 전 33%이던 것이 지금은 30% 정도다. 특히 회교권은 난공불락의 요새로 남아 있다. 아직 복음이 미치지 못한 족속들은 12,000여 부족에 달한다고 한다. 유럽도 점차적으로 비기독교화 되어져 가고 있다.

유럽은 이제 선교사를 받아야 할 입장이다. 전 세계적으로 유럽에 3,000여 명의 선교사가 파송되어 있지만 유럽의 교회는 아직도 부흥하지 않고 있다. 반면에 기독교의 흐름은 최근까지 한국을 향하고 있었다. 선교 150여 년 역사에 전 인구의 20%라고 하는 숫자는 하나님께서 우리에게 선교의 사명을 요구하고 계시다는 것을 단적으로 보여주는 것이다. 역사의 흐름은 그 주체가 계속 서쪽으로 흐르고 있음을 볼 수 있다. 이 흐름과 같이 하여 선교의 중심지도 흐르고 있다. 처음에는 지중해를 중심으로 일어나던 것이 대서양으로 넘어갔고 그 후에 다시 미국으로 넘어오면서 태평양을 중심으로 흘렀다. 지금은 그것이 한국을 비롯하여 아시아로 넘어오고 있다.

이렇게 선교의 중심지가 바뀌고 또 선교의 Paradigm이 변하는 시대에 접하면서 과거의 세계 선교 운동사를 되돌아보기로 한다.

과거 세계 선교 운동은 대강 4단계로 구분되어 진다. 1) 유대인들에 의해 복음이 유대 문화권에서 헬라 문화권으로 전파된 시기이며, 2) 복음이 헬라 문화권에서 로마의 정치 사회로 널리 퍼진 시기요, 3) 로마 제국에서 복음이 북유럽(게르만 민족) 쪽으로 번진 시기요, 4)는 서구로부터 복음이 동쪽으로 전파되어 마침내 극동까지 이르게 되었다. 이 극동의 중심이 바로 한국이 될 수가 있다고 보는 견해도 많다.

한국 교회는 선교에 대한 막중한 책임감을 지니고 있다. 그 이유로 한국 교회는 힘 있는 교회가 되었기 때문이다. 숫자적으로나 재정적으로나 급성장해 왔다. 인적 자원도 풍부하다. 이들이 힘을 합하면 세계 선교의 주역이 될 수 있다. 다음으로 다른 국가들이 한국 교회에 호의적이란 사실이다. 다른 서구나 미국의 선교 방법은 정부의 힘을 입어 그 나라 사람들을 식민지화 할 때에 복음을 들고 들어갔다. 그 결과로 부작용이 심하다. 남미 지역을 중심으로 해방신학이 나오는 것도 바로 그런 이유 때문이다. 과거에 강한 힘을 가지고 지배하던 나라들은 선교사를 파송해도 거부감을 갖지만 우리나라의 경우는 다르다. 우리나라는 부담없는 나라로 통한다. 그리고 한국 그리스도인들의 공동체가 여러 나라로 흩어지고 있기 때문이다. 디아스포라의 흩어짐 같이 우리나라 사람들은 세계 각 지역으로 흩어져 있으면서 공산권, 회교권 속에도 들어가서 희생을 무릅쓰고 선교에 헌신하고 있다.

결론적으로 선교를 감당하지 못하는 교회의 종말은 하나님으로부터 징계를 면치 못할 것이다. 하나님은 책임을 다하지 못하는 자들의 촛대를 옮겨 버린다고 하셨다. 초창기에 선교를 제대로 하지 못한 예루살렘교회를 하나님은 흩어 버리셨다. 자기중심적이고 자기들만 크려고 했던 예루살렘교회는 하나님의 진노를 받았다. 민족주의가 위험한 것도 바로 이런 이유에서다. 기독교는 민족 중심의 종교가 아니다. 세계가 하나의 교구다. 그러므로 선교해야 한다. 교회는 선교하는 교회가 되어서 하나님께 영광이 되고 수많은 사람을 하나님께로 인도하고 교회와 가정은 하나님의 축복으로 가득 차는 교회가 되기를 바랄 뿐이다.

지금까지 세계 선교 운동사를 간단히 살펴보았다. 위에서 선교의 필요성에 대하여 강조한 바와 같이 선교는 주님의 최고의 지상명령이다. 이 지상명령을 감당해야 할 기관이 바로 교회다. 교회는 지구상에서 그리스도의 몸이다. 지역교회는 우주적인 교회의 실제적인 표현이다. 교회의 선교는 하나님을 영화롭게 하는 것이다. 이것은 전도, 예배, 교제, 제자 훈련, 봉사와 사랑을 통해 완성되어진다.

선교를 논할 때 우리는 전도와 가끔 혼동할 때가 있다. 특히 한국 크리스천들은 선교와 전도를 구분 없이 필요에 따라 선택해서 사용한다. 그러나 선교와 전도는 다소의 차이가 있다.

전도라는 말은 같은 언어와 문화권 속에서 누구에게나 어느 때나 복음을 전하는 것을 말한다. 전도가 반드시 열매를 맺어야 하는 것은 아니다. 전도가 반드시 구원에 직접 연결되는 것도 아니다. 단순히 복음을 전하는 일에 그칠 뿐이다. 전도는 가족이 대상이 될 수도 있고 현재 믿는 사람이나 믿지 않는 누구에게도 대상이 될 수 있다.

그러나 선교는 다르다. 선교는 하나님의 강권적인 지상명령이다. 선교는 다른 언어와 문화와 직접 관계가 있다. 선교는 타문화권 속에서 교회가 없어 복음을 접할 수 없는 곳에서 복음을 전하는 것이다. 물론 선교의 목적과 전도의 목적은 거의 동일하다. "불신자들에게 복음을 전하여 불신자들이 예수를 나의 주로 고백함으로 예수의 이름으로 구원을 받게 함으로 하나님의 나라를 확장해 가는 것"이다.

선교학자 Thomas 교수에 의하면 선교와 전도의 차이는 다음 두 가지로 나타난다고 한다. 하나는 복음을 전하는 행위의 구분이다. 전도라는 개념이 불신자에게 복음을 직접 전하는 행위에 국한된다고 한다면 선교라는 개념은 전도보다 더 포괄적이어서 교회의 모든 전도 활동과 사업을 포함하고 있다고 할 수 있다. 다른 하나는 지역적인 구분이다. 전도는 국내에서 복음을 전파하는 행위로 이해를 하고, 선교는 해외에서 복음을 전파하는 행위라고 일반적으로 정리하고 있다. 그러나 국내에서 복음을 전하거나 해외에 나가서 복음을 전할지라도 같은 동족을 대상으로 하는 사역은 좁은 의미에서 선교로 보지 않는다. 선교란 타문화권에 가서 다른 종족들을 대상으로 복음을 전하는 것을 국한해서 말하기 때문이다. 그래서 국내에서 복음 전하는 사람들에게는 선교사라는 용어를 사용하지 않는다.

선교를 구별할 때에 대강 3가지로 편리하게 구분할 수 있다. 첫째, 언어는 같으나 문화권이 다른 나라에 가서 같은 동족에게 모국어로 복음을 전하는 것을 말한다. 예를 들면 재미 교포나 재일 교포 등에게 우리말로 복음을 전하다는 의미를 가지고 있다. 두 번째, 언어는 다르지만 비슷한 문화권에 가서 복음을 전하는 것을 말한다. 예를 들면 일본이나 중국처럼 비슷한 문화권에 가서 복음을 전하는 것을 말한다. 세 번째, 언어도 다르고 문화권도 다른 나라에 가서 다른 민족에게 복음을 전하는 것을 말한다. 예를 들면 아프리카, 남미 등지에 가서 복음을 전하는 것이다. 그리고 선교사라고 칭할 때는 이 세 가지를 구분하지 않고 타문화권에 나아가 다른 민족에게 복음을 전하는 전도자를 말한다.

예수님은 모든 사람을 구원하시기 위하여 하늘보좌를 버리시고 세상에 전도하러 선교사로 오셨다. 그리고 예수님은 승천하시면서 "하늘과 땅의 모든 권세를 내게 주셨으니, 그러므로 너희는 가서 모든 족속으로 제자를 삼아 아버지와 아들과 성령의 이름으로 세례를 주고 내가 너희에게 분부한 모든 것을 가르쳐 지키게 하라. 볼지어다. 내가 세상 끝 날까지 너희와 항상 함께 있으리라 하시니라"(마28:18-20)고 선교 명령을 하셨다. 이제 하나님의 부르심을 받은 한국 기독교인들은 모든 민족 모든 열방에게 복음을 전하는 선교사가 되어야 할 것이다.

제7장

한국 교회의 선교 사명

제7장 한국 교회의 선교 사명

한국 교회는 선교에 헌신을 더해가면서 점차로 세계 선교에 중요한 역할을 하기 시작한 지 50년이 지났다. 한국세계선교협의회(KWMA)에 의하면 현재 한국 교회에서 파송된 선교사는 2,3000여 명이며 이들 선교사들이 전 세계 대부분의 지역에서 그리스도의 복음을 전하는 일에 헌신하고 있다. 그들의 기도와 헌신으로 열매가 맺어지고 선교사들이 지속적으로 동원되어 하나님의 역사를 이뤄가는 것이 한국 교회의 기도이며 소망이 되었다.

그러면 과연 한국 선교 운동이 어떻게 일어났으며 앞으로 어떻게 더 활성화 되어야 할 것인가?

한국 교회는 1907년대 부흥을 경험한 후 처음 선교사를 파송했다. 1907년 장로회 독노회가 이기풍 목사를 처음 제주도로 파송한 이후 1940년대까지 대부분 일본, 만주, 시베리아 혹은 중국의 교포들을 위한 디아스포라적 선교사를 파송해 왔다. 그러나 본격적인 해외 선교사 파송은 60년대와 70년대의 한국 교회 대부흥을 경험한 이후인 1980년에 들어서였다. 1979년까지 한국 선교사 수는 100명 이하였다. 김순일, 최찬영(목사 1956, KIM/태국), 전재옥(학생, 1961, 파키스탄), 신홍식(목사, 1971, 태국), 김성준(평신도, 1971, 브라질) 등이 지역교회에서 또는 각 교단에서 여러 가지 경로를 통해서 초기에 타문화권 원주민 선교사로 나갔고 나머지는 타문화권 한국인 사역을 위한 선교사들이 대부분이었다.

한국 교회의 해외 선교가 1970년대에 본격적으로 시작되었지만 대부분의 경우 한인 디아스포라 사역에 그쳤다. 이들 선교사들은 초교파 해외선교단체라고 볼 수 있는 국제선교협력기구(KIM)의 활동으로부터 시작해서 더 많은 초교파 선교단체가 생기고 곧 이어서 국내 자생적인 선교단체들이 활성화되었다. 각 교단 선교부들도 점차로 선교에 관심을 가지면서 많은 선교사들이 파송되기 시작했다.

한국세계선교협의회(KMWA)에 의하면 2022년 현재 세계에 168개국에 222,591여 명이 파송되어 있으며 단기 선교사는 400여 명 그리고 한국선교단체가 파송한 국제 선교사(외국 국적)는 929명이었다. 그리고 선교단체는 22개였고 교단적으로는 42개 교단과 185개의 비교단(초교파 선교단체)이 있으며 선교사의 비율은 교단 소속 47.9%, 초교파 선교단체가 52.1%로 나타났다. 그리고 국내단체는 89.9%(204)이고 국제단체는 10.1%(23), 선교사의 비율은 국내단체가 88.6%이다.

국제선교단체의 주요한 역할은 4가지로 분류되는데 1) 파송단체(sending agency), 2) 봉사단체(service agency), 3) 지원단체(support agency), 4) 전문단체(specialized agency) 등이다. 한국선교단체는 파송을 주로 하는 단체로 59.9%(136), 전문단체는 21.6%(49), 지원단체는 12.8%(29), 봉사단체는 5.7%(13)로 구성되었다. 그리고 185개 초교파 단체의 Full time 근무자는 1,475명 그리고 part time 근무자는 600여 명으로 전부 2,075명 정도가 봉사하고 있다고 보고되어 있다. 그리고 선교단체의 모금액은 약 2,647억 원 정도였다.

장기 선교사의 연령별 참가자를 분석해 보면 20대가 0.95%, 30대가 2.44%, 40대가 28.45%, 50대가 39%, 60대가 21.245 그리고 70세 이상이 약 2.92%로 나타나 있다.

그동안 활동해 온 국내외 선교단체는 다양하나 선교 방식이 거의 중복된 경우가 많다. 우선 국내 대학생 선교단체들을 보면 다음과 같다.

대학생 선교회(Campus Crusade for Christ, CCC), 예수전도단(Youth With A Mission, YWAM), 한국기독학생회(Inter-Varsity Christian Fellowship, IVF), 대학생성경읽기선교회(University Bible Fellowship, UBF), 죠이선교회(Jesus first, Others second, You third, JOY), 학생신앙운동(Student For Christ, SFC. * 예장 고신교단과 예장 고려교단의 일부), 인터콥(INTERCP, 전방 선교), 국제대학 선교협의회(Campus Mission International, CMI), 대학연합선교봉사회(The Union of University Mission Service Center, UMSC), 한국누가회(Christian Medical Fellowship, CMF, 의대생), 제자들선교회(Disciples For Christ, DFC) 등이다.

해외 중심의 선교단체들을 보면 왕의 귀환(Kings College), 국제복음선교회(WEM), OMF 선교회(Overseas Missionary Fellowship, 동아시아권), 컴 선교회(Come Mission, 이슬람, 전방 개척 선교), 한국해외선교회, 세계 성경번역 선교회(Wycliffe Bible Translator, WBT/GBT, 성경 번역), 개척선교회(Global Missions Pioneers, GMP, 전방 선교), 국제 WEC(Worldwide Evangelization for Christ), OM 선교회(Operation Mobilization, 항해선교), 모퉁이돌 선교회(Cornerstone Ministries, 북한, 전방 선교), GP 선교회(Global Partners), FMC 선교회(Frontier Mission and Computer), 부족선교회(New

Tribal Mission, NTM), 오병이어 선교회(Wholistic Interest Through Health, 식량 공급), 일본복음선교회(Japan Evangelical Mission, 일본), 기아대책(Food for the Hungry, FHI, 기아 아동), 프론티어스(Frontiers, 이슬람), 열방네트워크(BTC, 전방 선교), 바울선교회, 중국어문선교회, AFC 선교회(Ambassador for Christ, 유럽권), 한국어린이 전도협회(CEF, 어린이) 등이 비교적 활동적이다.

그리고 지역 선교회나 학생 선교회 그리고 위에서 소개한 대로 소규모의 국내 및 해외 선교단체들이 있으나 좀 더 큰 규모의 세계 선교를 대표하는 두 기관이 있는데 하나는 한국에서 창립한 세계 선교단체로 한국세계선교협의회(KMWA)가 있고 또 하나는 주로 해외 선교를 담당하는 세계 선교기관으로 미국에서 설립한 세계한인선교협의회(KWMC)가 있다.

대규모적으로 세계 선교가 본격적으로 활동하기 시작한 것은 1980년 이후부터다. 주목할 만한 것은 교회 안에서 일어나는 선교 열기의 확장이다. 선교가 몇몇 교회의 사역이 아니라 대부분의 교회의 중요한 관심사로 발전하게 되었고 여러 가지 형태로 선교에 참여하기 시작했다. 얼마 전까지만 해도 단순히 이미 파송된 선교사를 재정적으로 지원하는 일을 했으나 이제는 개별 교회들이 다양한 방법으로 선교에 참여하고 있으며 많은 교회들에서 젊은이들뿐 아니라 일반 성도들이 선교 여행 및 정탐 여행에 참가하고 있다. 그리고 교회마다 선교위원회가 만들어져 활동하고 있으며, 이제까지 선교단체 중심으로 이루어지던 선교 훈련도 개교회에서 개최하여 성도들의 선교에 대한 관심과 참여를 확산시키고 있다. 이제까지 대도시의 대형 교회 중심으로 전개되던 해외 선교에 대한 관심이 전국의 교회로 확산되고 있는 시점에 와 있다.

둘째로 서울에서 88올림픽이 열린 이후 개방과 여행 자유화가 선교 확산에 중요한 역할을 했다. 그 대표적인 예로 많은 젊은이들이 해외를 방문하게 되었고, 여행의 자유화는 선교 여행이라는 새로운 패러다임을 만들어냈다. 또한 한국의 경제적 발전과 한국 화폐의 가치 상승은 선교를 더 활성화하는 데 주요한 요소 중에 하나로 등장했다.

특히 최근 대부분의 학생 단체에서도 해외 선교에 대한 구체적인 관심을 가지기 시작하면서 캠퍼스 전도와 훈련뿐만 아니라 선교사 파송에도 적극적인 태도를 보이고 있다.

그뿐 아니라 다양한 선교 전략에 대한 이해도 늘어가고 있다. 미전도 종족 선교, 전방 선교, 전문인 선교 등에 대한 개념들이 지역교회에서 일어나고 있다. 이러한 선교 전략의 확산은 국제적 네트워크를 가진 선교단체와 연결이 되면서 전 세계적인 선교 전략이 한국 교회 안에 소개되거나 한국 선교사들로 인해서 정립되었기 때문이다. 한국 교회에서 파송한 선교사들의 증가와 선교단체의 증가는 자연스럽게 현장에서의 선교 전략에 대한 논의를 확산시켰다. 한 걸음 더 나아가서 이제는 단순히 서구 선교의 모델을 그대로 모방하는 것이 아니라 한국적 선교 모델, 혹은 한국 선교사들에게 맞는 선교 전략의 개발 등에 관심을 가지게 되었다.

위에서 언급한 선교적 확산이 커지고 있는 것이 상당히 고무적이기는 하지만 그러나 대부분의 교회들이 막연하게 선교에 참여하고 있다는 것도 주시해야 할 것이다. 현재 한국 교회 중 약 반 정도만이 실제적으로 선교에 적극 참여하고 있다는 선교 보고가 있었다. 선교한다고 하는 일부 교회에서는 정확한 내용이나 목적 없이 선교 헌금이라는 명목으로 헌금이 모아지고, 선교에 대한 직접적 참여의 원인이 예수 그리스도의 명령에 대한 순종의 결과로 나타나기보다는 선교가 하나의 교회 프로그램으로 첨가되어져 있다는 것이다. 주일학교에서부터 선교가 가르쳐지고 깨달아져서 선교에 대한 전교인적인 관심과 참여로 나타나기보다는 대개의 경우 목회자의 일방적인 주도에 의해서 몇몇 선교사를 지원하거나 교회 프로젝트의 개념으로 장년 중심, 몇몇 사람 중심의 선교로 진행되고 있다. 또 실제 겉으로는 선교에 대한 관심을 표명하고 있지만 대부분의 지역교회들은 여전히 교회 내부의 문제들과 씨름하고 있고 대부분의 자원은 교회 내부의 사역을 유지하는데 사용되고 있다.

그동안 다양한 선교 대회, 선교단체의 홍보, 각 교회에서의 선교 관심 증가 등으로 인해 많은 선교 자원들이 동원되고 있으나 그들 중 많은 자원 선교사들이 잘 양육되고 훈련을 받은 뒤에 전략적인 선교지로 파송되거나 좋은 선교 자원으로 남아 있게 되는 수는 매우 적다는 것이다. 즉 선교 동원의 병목현상이 상당히 심각하다는 것이다. 선교에 일차적으로 헌신한 후 선교사로 나가기까지는 대개 8년~10년의 기간을 거치게 되는데, 그 사이에 대부분의 선교 헌신자들이 탈락하게 된다는 것이다. 물론 어느 정도의 탈락은 자연스럽고 또한 어떤 측면에서 보면 바람직한 일이다.

그러나 현재와 같은 병목현상이 계속 된다면 준비된 잠재력 있는 선교 헌신자 자원의 확보는 쉽지 않을 것이다. 병목현상의 가장 중요한 원인은 선교 한국 대회, 선교 여행 등을 통해 일차 동원은 어느 정도 이루어지고 있지만 이렇게 동원된 자원들이 지속적으로 관리되고 사후 양육될 수 있는 2차, 3차 동원이 부재하기 때문이다. 일회적이고 선동적인 선교 도전은 많이 있지만 계속해서 한 사람 한 사람을 구체적으로 돌보고 세워가는 세밀한 동원은 이뤄지지 않고 있다. 대부분의 해외 선교단체들 마저도 1차 동원에만 관심을 가지고 있지 세밀한 동원을 위한 투자에 매우 소극적으로 대처하고 있다. 결국 세밀하고 구체적인 선교 동원이 일어나지 않는다면 비록 많은 자원들이 선교에 동원되는 것처럼 보이기는 하지만 실제 전략적이고 잠재력 있는 선교 자원을 배출되지 않을 수 있다.

선교가 교회의 일시적인 풍조나 프로그램이 아니며 성경적으로 성장하는 교회의 자연스러운 결과라고 한다면 현재 한국 교회는 교회 성장이라는 면에서 큰 어려움을 겪고 있는데 그렇다면 과연 한국 교회 선교가 얼마나 더 활성화 될 수 있을 것인가에 대해 위기의식을 느끼기 시작했다는 것이다. 물론 교회의 성장이 단순히 양적인 성장만을 말하는 것이 아니므로 지난 몇 년간 한국 교회의 양적인 성장이 둔화되었다고 해서 교회 전체의 성장이 멈췄다고 말할 수는 없지만 오늘 한국 교회의 위기는 단순히 양적인 면만을 말하는 것이 아니라는 것에 대부분 동의한다. 따라서 현재의 선교의 열기가 80년대까지의 교회 성장 때문이라면 과연 오늘 한국 교회 성장의 위기 상황에서 현재의 한국 교회 선교가 어떤 방향으로 가겠는가가 큰 관심의 초점이 되고 있다. 이것은 교회의 성장과 선교는 불가분의 것이므로 더욱 그렇다.

결국 우리의 과제는 이러한 여러 가지 다양한 상황 속에서 어떻게 효과적인 선교 동원을 함으로써 하나님께서 기대하시는 열매를 맺어갈 것인가에 대해 집중해야 할 필요가 있다.

한국 교회가 선교 동원을 더욱 활성화시키기 위해서는 먼저 교회가 선교적 교회 구조로 갱신되어야 한다. 이것을 위해서는 먼저 선교에 신학적 재정립이 시급하다. 선교에 대한 성경적 가르침이 너무 부재하다. 선교가 성경 전체가 지적하는 대로 가르쳐지는 것이 아니라 몇몇 선교 명령에 해당되는 성경 구절을 통해서만 소개됨으로써 선교가 하나의 부수적인 요소로만 이해되고 있는 성경 가르침이 교회 안에서 바르게 회복되어야 한다. 선교에 헌신해서 이를 준비하기 위해 신학교에 간 사람들마저도 졸업할 때 쯤 되면 선교사 되는 것을 포기하고 마는 경우도 있다는 신학교 교육도 회복이 필요하다. 신학교 안에서 건강한 선교신학이 발전되고 이것이 교회 안에 접목되어야 한다.

둘째로 선교 구조 문제이다. 바른 선교신학의 부재는 오늘날 필연적으로 교회 안에 비정상적인 선교 구조를 만들어 가고 있다는 것이다. 선교 학자 Thomas가 주장하는 대로 "현재 우리에게 필요한 것은 교회 중심의 선교(church-centered mission)에서 선교 중심의 교회(mission-centered church)로 전환하는 일이다. 선교는 교회의 하나의 프로그램이 아니라 선교는 교회의 존재 이유이다. 우리는 교회와 선교(church and mission)

를 이야기해야 하는 것이 아니라 교회의 선교(mission of church)에 대해서 이야기해야 한다. '교회와 선교'를 이야기할 때는 교회 전체가 선교에 참여하지 않아도 되지만 '교회의 선교'에 대해서 이야기할 때는 교회 전체가 선교에 참여하지 않을 수 없게 된다".

선교 운동이 목회자 자신의 사역을 확장시키는 한 요소로 사용되면 문제가 생길 수밖에 없다. "선교가 곧 교회"라는 입장에서 본다면 모든 교회의 구성원들이 선교를 교회의 제일차적 사명으로 생각하며 그런 가운데서 자라난 청년들이 해외선교를 비롯한 다양한 선교적 과제에 헌신하게 되므로 "교회의 선교"라는 생각에서 "선교가 교회'라는 구조로 바뀌어야 한다.

그리고 효과적인 선교동원을 위해서는 선교 자원을 충분히 확보해야 하는 것은 필수적이다. 그러나 문제는 어떻게 자격 있는 선교 자원자를 확보해야 하는가 하는 것이다. 많은 젊은이들이 여러 가지 경로로 선교에 헌신하기는 하지만 실제로 선교에 헌신해서 선교사로 나가기까지 어느 정도의 훈련 기간이 필수적인데 과연 얼마나 많은 젊은이들이 모든 일을 접고 사명감을 가지고 여기에 참여할 수 있는가 하는 것이다. 현재 선교사로 파송된 대부분의 사람들은 개인적으로 여러 가지 경로를 통해서 선교에 관심을 가지게 되었고 그래서 개인적으로 몇몇 선교단체와 접촉해서 교회나 교단을 통해서 파송되거나 아니면 친분이 있는 교회 목회자의 도움을 얻어 파송된 것이 통례이다.

그리고 현재 대부분의 선교 자원들은 평신도 선교 자원들이다. 물론 그들 중에 많은 수가 나중에 다시 신학교에 가고 목회자가 되어서 선교사로 다시 나가기도 하지만 중도에 포기하는 선교사들도 많다. 따라서 만일 한국 교회가 더 많은 선교 자원을 동원하길 기대하고 있다면 이 부분에 대한 보완이 있어야 한다.

결국 각 구조들이 선교의 동원과 훈련에서부터 파송, 사역, 관리까지 모두 해야 하는 중복 투자 혹은 경쟁 관계에 들어가게 되는 경향이 많다고 한국세계선교협의회는 지적하고 있다

그리고 1990년까지의 선교 패턴은 전문 선교사역자가 아니라 목회자 위주의 선교사 파송이 이뤄지므로 선교 현장에서 교회 개척 신학교 사역 등은 활발하게 일어나고 있지만 전문적인 지식이 필요한 다양한 사역이 요구되는 현장에서 선교는 더 확장되지 못하였다. 목회자 선교사와 전문 선교사가 협력해서 균형 잡힌 선교를 할 수 있다면 더 효과적인 선교가 될 수 있다.

또 한 가지 선교 현장에서 문제가 되는 것은 목회자 선교사와 전문 사역자가 아닌 평신도 선교사역자 간의 갈등이다. 유교적 풍습에 젖어 있는 한국의 기독교는 목회자 중심의 사역이 보편화되어 있는데 선교 현장에서는 목회자와 평신도 간에 갈등은 더욱 심각하다.

선교 동원과 관련된 이러한 교회, 선교단체 각 구조 간의 이해 부족과 상호 존중 및 연합 의식의 결여로 인해 결국 어려움을 당하는 사람들은 바로 선교 헌신자 자신들이다. 그 결과 여러 가지 상황에서 하나님의 뜻으로 생각해서 선교에 일생을 드리기로 헌신했던 많은 사람들이 시간이 지나가면서 그 헌신을 포기해 버리는 깔때기 현상이 나타나고 있다. 다른 모든 일에도 마찬가지이지만 선교는 사람이 더욱 중요하다. 하나님께서 부르셔서 선교에 일생을 드리기로 헌신한 많은 선교사들이 넘어서야 할 많은 개인적 고비가 있는데 구조적 긴장과 비효율로 인해서 그들의 짐을 더 무겁게 하는 것은 잘못된 일이다. 오늘 한국 교회에서 논의되고 진행되는 많은 선교와 관련된 사역들 중에서 효과적인 선교를 위한 역할 분담은 어느 때보다 중요하다.

그리고 해외 선교를 위해서 지역교회의 지원과 영적 돌봄, 그리고 해외 선교단체의 전문적인 선교 등 모든 구조가 잘 어우러져서 하나가 될 때 효과적인 선교사역이 될 수 있다. 물론 이것은 선교사역에 있어서 각 구조 간에 그 영역의 경계선을 정확히 긋는 것을 말하는 것이 아니다. 오히려 우리의 관심의 주체가 구조이므로 여러 가지 전략을 위해서는 서로 모여서 논의를 하고 선교 자원의 동원과 관리 그리고 적절한 배치를 위해 각 구조 간의 적실한 논의가 구체화 되어야 한다고 본다.

한국 교회의 선교의 성패는 선교의 열정은 물론 조직적인 구조와 관리 및 효과적인 행정이다. 이것이 올바로 실천될 때 해외 선교는 전망이 밝다.

더 나아가서 해외 선교를 위해서 현재 한국에서는 젊은이들을 선교에 동원하는 네트워크가 형성되어 가고 있다. 이러한 네트워크는 전 세계적인 네트워크로 발전하고 있다. 그것은 코리안 디아스포라 선교 동원이라는 새로운 비전인데, 한국뿐만 아니라 전 세계에 있는 한인 청년들을 선교에 동원하는 비전이다. 이미 북미를 중심으로 한 한인 젊은이 동원이 구체적으로 일어나고 있고 이러한 흐름은 전 세계에 퍼져 있는 한인 디아스포라 기독교 공동체로 확산될 것이다.

현재 전 세계적으로 선교를 위한 청년학생동원운동이 일어나고 있다. 미국과 영국에서 지속적으로 일어나고 있을 뿐 아니라 브라질, 멕시코, 아프리카 케냐, 대만, 인도 등 세계에서도 일어나고 있다. 이것은 21세기에 하나님께서 세계 복음화를 위해 그의 선교 자원을 동원해 가시는 과정임에 분명하다. 특히 연합으로 진행되고 있는 선교한국대회가 전 세계적으로 연합선교동원운동에 새로운 모델로 제시되기를 바란다. 그 결과 어떤 나라에서는 선교한국을 모델로 한 선교 대회를 준비하고 있다. 따라서 한국에서의 청년학생선교동원운동은 미주의 한인 청년 학생들을 비롯하여 전 세계의 청년학생선교동원운동과 연대하여 전 세계적인 선교동원운동이 일어나게 하는 데에 그 책임을 다 할 수 있도록 한국 교회가 적극적으로 나서서 지원해야 할 것이다.

지금은 과거와 달리 교회가 단순히 일회적인 선교 헌신 예배를 드리고 선교사들의 간증이나 사역 보고를 듣는 방식에서 벗어나 체계적인 선교 관련 교육이 실시되어야 한다. 무엇보다도 선교가 어떤 특별한 프로그램이 아니라 모든 교회와 그리스도인들의 당연히 참여해야 할 과제임을 인식할 수 있도록 평상시 교회의 교육 내용에 변화를 가져와야 한다. 또한 선교를 직접적으로 경험할 수 있는 장을 많이 마련해야 한다. 선교 여행을 가는 것만을 선교에 대한 직접적인 참여라는 생각을 떠나 범위를 넓혀서 국내에 와 있는 외국인 근로자 사역, 외국인 유학생 사역 등도 타문화권 사역이라는 개념을 가진다면 실제적인 선교가 일어나게 될 것이다. 무엇보다도 목회자들의 의식 변화가 필요하다. 선교적 마음을 가진 목회자 한 사람이 실제 교회 안에서 선교 운동이 일어나는 일에 결정적인 역할을 할 수 있다. 목회자들을 선교에 깨우기 위한 프로그램이 개발되어야 한다.

세계 다른 나라의 선교 동원 역사를 통해서 분명히 발견할 수 있는 것은 선교는 영적 각성과 기도의 결과였다는 것이다. 1848년 영국의 케임브리지 대학생들의 기도 모임과 1806년 미국의 건초더미기도회(Haystack Prayer Meeting)가 양국의 선교의 출발점이 되었던 것처럼, 한국에서의 선교 운동의 출발점도 영적 부흥과 기도로부터 출발했다는데 아무도 이의가 없을 것이다.

오늘의 선교적 열기는 한국 교회의 영적 부흥과 기도가 바로 그 뿌리인 것이다. 따라서 한국 교회 선교의 활성화는 선교 전략이나 이론은 물론 영적 각성과 기도로부터 시작되어야 한다. 교회를 비롯한 모든 기독교 공동체에서 영적 부흥과 기도를 통해서 하나님의 선교에로의 부르심을 확인하고 헌신하는 일이 일어나야 한다. 이런 관점에서 볼 때 오늘날 한국 교회의 성장의 정지나 둔화 그리고 식어져가는 기도에 대한 열정은 그 어느 것보다 우려해야 할 선교적 문제이다.

교회 안에 영적 부흥은 말씀에 대한 순종과 회개의 기도로부터 출발해야 한다. 만일 이런 회개와 말씀에 순종하는 일이 교회 안에 일어나지 않는다면 오늘 비록 우리 가운데 뜨겁게 타오르는 선교에 대한 열기가 있다 할지라도 이것은 미래 선교의 실패를 예견하는 것이다. 만일 현재 교회 안에서 선교사들의 간증과 헌금이 모아지고 있지만 교인들 안에 말씀에 순종하고 회개하는 일이 일어나지 않는다면, 혹은 각 학생 단체에서 선교에 대해 관심을 가지고 많은 단기 선교 여행과 훈련을 보내긴 하지만 정작 캠퍼스 안에서는 복음이 전파되는 일이 잘 이루어지지 않는다면 한국 교회 선교의 미래는 곧 어두워지고 말 것이다.

캠퍼스 복음화 사역을 그냥 놓아두고 선교에만 열심을 보이는 것은 좋은 현상은 아니다. 2000년대 이후 캠퍼스 안에서의 전도가 매우 심각할 정도로 위축되어 있다. 대학 안에서 영적 각성과 부흥 그리고 복음화 운동이 회복될 때 선교 동원은 자연적으로 이뤄질 것이다. 또 지역교회에서도 선교 프로그램을 교회 활성화의 한 프로그램으로 이용하지 말고 선교가 우리는 물론 이웃을 향한 영적 각성과 회개의 기도의 열매가 되어야 한다. 이것이 자연스럽게 선교에 대한 헌신으로 나타날 수 있도록 해야 할 것이다.

한국 사회의 예측할 수 없는 변화는 선교 활성화에 여러 가지로 영향을 미친다. 때로는 긍정적으로 때로는 부정적인 영향을 미친다. 70년대 이후의 경제 성장과 80년대 이후의 개방과 문민 정권 수립 등이 선교에 영향을 미친 것처럼 2000년을 전후로 일어난 빠른 세계적, 국내적 변화가 선교에 큰 영향을 미칠 것이다. 세계적 변화로 이야기 되는 지구화(Globalization), 정보 통신 발달, 경제의 블럭화 등과 더불어 각 대륙의 새로운 변화는 장차 선교에 중요한 영향을 미칠 것이다. 9 · 11 사태로 대변되는 문명의 충돌은 결국 종교적 충돌로 발전하고 있고 이러한 변화는 세계 선교에 결정적인 변화 요인으로 작용하고 있다.

아시아의 경우를 보더라도 최근에 나타난 중요한 변화는 각 나라들이 경제적으로는 개방되었지만 종교적으로 혹은 정치적으로 더욱 폐쇄적인 성향으로 나가고 있다. 특히 인도네시아, 말레이시아 등 이슬람 국가들의 이슬람화(Islamization) 분위기가 확산되는 것과 중국, 베트남 등의 국가에서 경제적으로는 개방하면서 정치적 혹은 종교적으로 통제하는 체제이다.

이것은 1980년대 이후 세계 정치 질서의 변화 과정을 겪으면서 이데올로기의 공백상태를 거치며 새로운 이데올로기로 세계가 재편성되었기 때문이다. 그것은 바로 대부분의 국가들이 경제 중심의 자본주의 시장 경제 체제를 통해서 국민들의 필요를 채워 주는 동시에 통치 방법으로서 각자 나름대로의 이데올로기를 발전시켜 나가는 데 그 경향이 매우 국수주의적인 형태로 나타나서 자국의 기존의 정치 이데올로기나 종교를 강화시키는 것을 통해서 국민들을 통제하려고 하는 현상으로 나타났다. 그 결과 외부로부터의 종교적 유입에 해당되는 기독교 선교에 대해 적대적인 대응을 하지 않을 수 없게 된 것이다. 결국 많은 나라들이 경제적으로는 그 어느 때보다 개방되어 있지만 종교적으로는 폐쇄적인 정책을 가지게 된다. 아시아의 경우만 보더라도 공산주의 체제의 붕괴 후 남아 있는 공산주의 국가들이 정치적으로는 사회주의 노선을 유지하면서 경제적으로는 자유 시장 경체 제제를 통해 국가를 재건하려는 시도를 하고 있는데 이것의 성패 여부에 따라 아시아 지역의 선교 전략이 많이 바뀌게 될 것이다.

국내적으로는 역시 통일 문제가 가장 큰 변수일 것이다. 일각의 우려는 만일 통일 문제가 본격화 될 경우 한국 교회의 해외 선교에 대한 관심이 북한 선교와 교회 세우기로 옮겨갈 것이라는 것이다. 그러나 북한의 문이 열리더라도 해외 선교는 여전히 그 위치를 차지해야 한다. 문제는 우리가 현재 북한 개방과 통일 이후를 얼마나 착실히 준비하고 있는가에 달려 있다. 영적으로 현실적이며 구체적인 준비가 필요하다. 아직까지는 북한 개방과 통일 이후의 북한 선교 방향에 대한 한국 전체의 통일된 의견이 모아지지 않고 있다. 현실적이고 구체적인 준비가 되어 있다면 북한이 개방되고 통일되더라도 해외 선교에 대한 관심이 분산되지 않고 오히려 더욱 강화 될 수 있을 것이다.

선교 동원과 관련해서 국내적으로 또 한 가지 주목해야 할 것은 젊은이들의 의식과 문화의 급속한 변화이다. 최근의 문화 개방을 통해서 젊은이들의 문화가 빠른 속도로 재편성되고 있다. 그 결과 상당히 깊은 세대 간의 의식 차이를 보이고 있다. 결국 현재의 전쟁 전후 출신 세대 선교사와 이제 장차 등장할 전혀 다른 문화적 환경에서 자라난 신세대 선교사들 간의 선교에 대한 여러 가지 측면에서의 의식의 공유를 이루는 문제가 또 하나의 미래적으로 적응해야 할 변수일 것이다.

이러한 국내외적인 변화로 인해 예측되는 여러 가지 문제 혹은 기회에 어떻게 잘 대응할 것인가를 고민할 때 자연스럽게 한국 선교의 행정과 전략에 대한 문제가 대두된다. 이제 50년간의 선교 역사를 가지고 고도의 선교 행정과 전략을 기대하는 것에 한계가 있을 수 있다. 그러나 그렇기 때문에 이제부터 한국 교회는 선교 행정과 전략의 발전에 많은 힘을 쏟아야 한다.

현재 외부에서는 일반적으로 한국 교회의 선교에 대한 두 가지 엇갈린 평가를 하고 있다고 본다. 먼저 전적으로 긍정적인 평가인데, 이것은 단지 짧은 시간에 많은 선교사들이 나갔다는 수적인 면만 아니라 그동안 서구 선교사들이 감히 하지 못한 일들을 적극적이고 능동적으로 개척해 나가고 있고 복음의 능력을 드러내고 있다는 것이다.

정반대의 부정적인 평가로는 한국 교회도 서구 선교의 잘못된 패권주의, 교권주의, 문화 우월주의적 방법을 답습한다는 것, 선교사 개인의 강한 독자적 성격이 개척이라는 상황에서는 큰 장점으로 작용하지만 국제적 협력과 현지 리더십들과의 협력이라는 측면에서 볼 때는 큰 단점으로 작용한다는 것, 현지 문화에 대한 민감성과 탄력성이 부족하다는 것 등을 들 수 있다. 이러한 한국 선교사들의 장점을 잘 살리고 부족한 점을 잘 보완해 줄 수 있는 전략적 사역이 필요하다.

최근 선교 현장에 있는 선임 선교사들의 모임을 통해서 발견할 수 있었던 것은 현장에 있는 선교사들 사이에서 이러한 문제에 대한 심각하고 구체적인 반성이 일어나고 있다는 것이다. 그동안 서로 협력하지 못하고 섬기지 못했던 것들에 대한 반성의 결과 선교 현장에서의 교파와 단체를 넘어선 구체적인 협력과 섬김이 일어날 가능성을 보여주고 있다. 이제 한국 교회의 선교는 얼마나 많이 내보내는가의 문제보다는 얼마나 효과적으로 선교하는가가 더욱 관건이다.

한편 한국 내에 각 선교단체나 교단별로 운영하는 것 말고 선교에 헌신한 평신도들이 얼마간 선교에 대해서 실제적이고 구체적인 훈련받을 수 있는 공신력 있는 학교가 필요한 때이다. 그밖에 이미 문제가 되고 있는 선교사 자녀 교육 문제와 더불어 안식년 선교사 거처 및 재교육 기관, 선교 전문 저널, 선교 정보 전략센터, 선교 역사 자료 관리, 교회의 선교 교육 등 모두가 초보적이거나 영세적인 단계에 있다.

선교의 이론과 경험을 다 담아낼 수 있는 교수팀으로 구성된 선교학부가 있는 신학교도 많지 않다. 이제는 한국 선교가 외형만을 생각할 것이 아니라 좀 더 효과적이고 지속적인 선교를 위해 투자해야 할 때가 됐다. 따라서 한국 교회가 언제까지 몇만 명을 선교사로 보내자 라는 선동적 구호보다는 좀 더 장기적인 안목을 가지고 선교에 접근해 가야 한다.

전략적인 측면에서도 정비해야 할 것이 많다. 미전도 종족 입양 운동, 선교사 재배치 및 전략적 배치, 선교사 care 등 많은 제안들이 나오고 있지만 실제 이루어지는 일은 대개 일회성 혹은 일부 단체에 의한 제안에 그치는 경우가 많았다. 각 운동에 대한 개념과 의미도 잘 전달되지 않고 혹은 왜곡되는 경우도 있다. 예를 들면 미전도 종족 입양 운동이 알려지기 시작하면서 최근 교회 안에 이 운동에 대한 관심과 참여가 늘어나고 있다. 한편으로는 고무적인 현상이지만 그 결과 소위 미전도 종족 지역이나 지역이 아닌 곳에서 일하는 기존의 선교사들에 대한 지원이 중단되거나 관심이 적어진다거나 하는 것은 이 운동이 대한 오해와 잘못된 적용 때문이다.

현재 제시되고 있는 21세기 선교를 위한 새로운 패러다임이나 전략에 대한 한국 선교 차원에서의 실천적 논의도 아직 미진한 상태에 있다. 이제 한국 교회가 선교에 그 헌신을 더해가면서 점차로 세계 선교에 중요한 역할을 하기 시작했다. 2023년 현재 파송된 23,000여 명의 선교사들이 전 세계 대부분의 지역에서 그리스도의 복음을 전하는 일에 헌신하고 있다. 그들의 기도와 헌신이 열매 맺어지고 선교사들이 지속적으로 동원되어 하나님의 역사를 이뤄가는 것이 한국 교회의 기도이며 소망일 것이다.

그러면 과연 한국 선교 운동이 어떻게 더 활성화되어야 할 것인가? 오늘날 한국 교회의 선교는 한국 교회 역사상 그 어느 때보다 활성화되어 있다고 보는 견해가 늘어가는 것은 사실이다. 그러나 현재 활성화되고 있는 한국 교회의 선교가 더 성공적이고 효과적으로 활성화되는 데는 여러 가지 측면에서 언급될 부분들이 있지만 선교 동원과 관련된 부분을 집중적으로 살펴보아야 할 것이다.

제8장

한국 교회의 선교적 상황

제8장 한국 교회의 선교적 상황

해외 선교가 시작된 지 약 50년이 지난 현재 한국 교회의 해외 선교에 대해 어떤 평가를 내리는 것은 시기상조일 수 있다. 그럼에도 불구하고 몇 가지 중요한 문제들을 검토해 볼 필요가 있다.

말할 것도 없이 과거 교회 안에 놀랍게 일어난 선교의 열기는 어떠한 환경 속에서라도 계속될 것이다. 선교가 대부분의 교회의 중요한 관심사로 발전하고 있고 여러 가지 형태로 선교에 참여하고 있다는 것은 고무적인 일이다. 얼마 전까지만 해도 단순히 이미 파송된 선교사를 재정적으로 지원하는 일을 했으나 이제는 개별 교회들이 다양한 방법으로 선교에 참여하고 있다. 많은 교회들에서 젊은이들뿐 아니라 많은 성도들이 선교 여행 및 정탐 여행에 참가하고 있고, 교회마다 선교위원회가 만들어져 활동하고 있으며, 이제까지 선교단체 중심으로 이루어지던 선교 훈련도 개 교회에서 개최하여 성도들의 선교에 대한 관심과 참여를 확산시키고 있다. 이제까지 대도시의 대형 교회 중심으로 전개되던 해외 선교에 대한 관심이 전국의 교회로 확산되고 있는 시점에 와 있다.

1988년 이후 본격적으로 청년 학생들 사이에 선교에 대한 놀라운 관심과 헌신이 일어나고 많은 선교 자원들이 동원되고 있다. 특히 최근 대부분의 학생 단체에서도 해외 선교에 대한 구체적인 관심을 가지기 시작하면서 캠퍼스 전도와 훈련뿐만 아니라 선교사 파송에도 적극적인 태도를 보이고 있다. 또한 지역교회 청년들 가운데에서도 선교에 대한 관심이 고조되고 있고 선교 여행, 선교 세미나 등을 통해서 선교에 직접 간접적으로 참여하는 것들이 확산되고 있다.

이러한 급진적인 선교에 대한 관심과 참여는 많은 새로운 상황을 낳게 됐는데, 그것은 평신도 선교사 개념의 확산과 양산, 단기 해외 선교 여행, 해외 선교단체의 활성화, 선교 동원 운동에 대한 개념 정착 등이다. 특히 청년 학생 선교에 있어서 여러 가지 새로운 형태의 선교동원운동이 확산되어 가고 있다. 선교한국대회가 그 불씨의 역할을 했다. 각 지방의 선교 지도자들은 선교한국을 모델로 하여 지방선교대회를 가지게 되었는데 부산에서 있었던 선교횃불을 비롯해서 선교대구, 선교광주, 선교전주, 선교제주 등 각 지방에서 학생과 청년들에게 선교에 대해 구체적으로 도전하고 동원하기 위한 운동이 일어났고 선교울산, 선교천안, 선교포항 등 각 지역에서 선교 동원을 위한 연합운동이 일어나고 있다.

그리고 이러한 현상은 더욱 가속화될 것이다. 또한 선교한국대회 참가자 중 처음에는 학생 단체 참가자들이 많았으나 이미 지난 선교한국 94개회를 기점으로 교회 청년 대학생들의 참가자의 비율이 학생 단체 참가자들을 앞지르고 있다. 이러한 현상은 선교한국대회가 거듭될수록 더욱 늘어날 전망이다. 그들이 각 교회로 돌아가 청년대학부 안에 선교 열기를 불어넣기 시작했고 선교 기도 모임으로부터 시작해서 작은 부분에서부터 선교 운동을 벌리고 있고 이것이 교회 전체에 많은 영향을 주는 것으로 나타났다. 또한 이러한 젊은이들 사이에 선교의 열기는 일단 쉽게 선교를 경험하고 접근할 수 있는 단기 해외 선교 여행으로부터 시작해서 선교 정탐 여행, 2-3년간의 단기 선교사의 확산 등으로 나타나게 됐다.

또한 선교의 관심이 단지 젊은이들에게만 머물러 있는 것이 아니라 전 성도들에게로 확산되어가고 있다. 이제까지 이름만 '남선교회' 혹은 '여선교회'였으나 이제는 교회의 각 부서까지도 자발적으로 해외 선교에 동참하고 있다. 목회자나 선교위원회 중심의 프로젝트적 성격의 선교 정책에서 성도들이 다 참여할 수 있는 선교 정책으로 바뀌고 있다. 각 구역이나 소그룹 단위별로 후원하는 선교사를 정하고 그들을 위해 기도와 후원을 통해 선교사들과 직접적으로 의사소통하기도 하고 친분을 쌓아감으로써 선교와 성도들 간의 간격을 좁히는 것으로 나타나고 있다. 이러한 선교 관심의 확산으로 인해 선교가 모든 성도들이 참여하는 사역으로 발전해가고 있는 것은 너무나 고무적인 현상이며 선교 환경의 변화라고 볼 수 있다.

제9장

미래를 위한 다양한 선교 전략

제9장 미래를 위한 다양한 선교 전략

지금 전 세계에서 활동하고 있는 한국 선교사들의 활동은 정보 통신 수단과 컴퓨터 등을 이용하고 있으며 또한 선교 사업도 훨씬 쉽게 이루어지고 있다. 그러나 문제는 훈련된 선교사들의 영입이다. 랄프 윈터(Ralf Winter) 박사의 말대로 한국 교회가 더 많은 선교사를 파송하기 위해서는 지금 선교 현지에 나가 있는 한국 선교사들이 고국에 돌아와서 그들의 경험을 토대로 선교 동원과 행정에 참여해야 한다는 것이다. 선교사들이 은퇴에 앞서서 선교 행정가와 전략가로서 헌신하는 것이 무엇보다 중요하다.

오늘의 한국 교회 선교의 활성화를 위해 이제까지의 한국 선교 동원을 긍정적으로 혹은 부정적으로 평가함에 있어서 어떤 정서적인 반응을 보이거나 논쟁을 하기보다는 이제부터가 본격적인 출발이라는 관점에서 하나씩 해결해 나가야 할 것이다. 선교를 위한 역할 분담, 한국 교회의 영적 부흥, 미래적 변화에 대한 대응, 효과적인 선교를 위한 체제 구축 등 모든 영역에서 그렇다. 그러나 그 무엇보다 중요한 것은 하나님의 선교는 바로 연합과 섬김의 정신으로 우리 모두 함께 이뤄가는 것이라는 대 전제에 동의하고 이를 겸손히 실천해야 하는 것이어야 할 것이다.

결론

결론적으로 한국 선교 운동의 현재와 미래를 선교 동원의 관점에서 조망했는데, 미래적 대안과 전망 부분을 중심으로 몇 가지 조심스런 의견을 개진하고자 한다.

우선 한국 교회 선교 동원의 현재와 미래라기보다는 선교하는 한국이라는 구심 축을 중심한 선교 정책 중에 지역교회에서 일어나고 있는 선교 동원의 문제가 아직도 약하지 않았나 생각된다. 지역교회와 선교단체가 협력하며 선교 동원의 역할을 감당하는 문제는 참으로 중요하다고 생각한다. 선교단체가 선교의 모체인 교회와의 공생관계를 이해하지 못하면 긴장관계에 들어갈 수밖에 없다. 전문성을 가진 선교단체는 한국교회를 있는 그대로 이해하려는 여유와 아량을 가질 필요가 있다. 교회도 기능적인 사역의 관점에서 선교단체의 가치를 인정해야 한다. 선교단체를 교회의 효과적 선교사역을 돕는 전문기관으로 보고 격려해 주고 지원해 주어야 한다. 한편 선교단체는 교회를 섬기려는 겸손한 자세가 필요하다. 개별적 선교가 아니라 협력과 동반자의 네트워크를 통해 최대의 효율을 얻도록 함께 노력해야 한다. 이 둘은 공존을 뛰어넘은 공생의 관계로서 동역을 통해 선교사역을 극대화시킬 수 있다.

한국 교회의 선교는 현재 교단에서 파송하는 선교사의 수가 초교파 선교단체나 학생 단체에서 파송하는 선교사의 수보다 많다. 그래서 교단선교부의 동원 및 훈련 담당자들 사이에 Networking, 포럼 등 대화와 동역의 장이 필요하다고 생각한다. 얼마나 많은 젊은이들이 선교대회에 참석하고 헌신하는지도 중요하지만, 헌신 후 파송받기까지 적절히 관리해 주는 일은 더욱 중요하고, 선교 현장 체제에 잘 적응하고 기존 선교사들과 함께 일할 수 있는 팀 선교를 감당할 수 있도록 돕는 일이 더더욱 중요하다.

둘째로 개교회의 선교 이해와 구조 변화를 제시했는데, 사실 이것은 현장에 있는 선교사들이 늘 마음 아프게 공감하는 문제 중 하나이다. 목회자를 양성하는 신학교의 선교학 커리큘럼에도 문제가 있다고 본다. 지난 50여 년간 신학교의 선교학 강의는 대부분 현장 경험이 없는 교수들에 의해 진행되었다. 다행히도 최근에는 조금씩 현장 경험을 갖춘 교수들이 보강되었는데, 그들을 중심으로 교단선교부 실무자들과, 지역교회의 선교 지도자들이 만나는 장(포럼, 세미나, 패널 등)이 마련되어야 할 것이다. 그리고 지역교회 선교 교육 프로그램에 목회자반, 선교위원회반, 주일학교반, 대학청년부 등 선교에 대한 바른 교육을 할 수 있는 상설 프로그램을 확산시켜 나가야 할 것이다.

셋째, 균형 잡힌 선교 동원을 위한 역할 분담을 제시했는데, 실무자들의 모임을 통해 큰 그림을 그려야 할 필요가 있다고 본다. 다양성 속에서의 조화도 필요하겠지만, 동원가들 사이의 정기적 만남의 장이 필요하다. 효과적인 역할 분담을 위해 전문성을 갖춘 선교단체, 교단선교부 실무자로 구성된 모임이 필요하다. 역할 분담은 당사자들 사이의 신뢰를 바탕으로 이루어질 수 있을 것이다. 일회성 선교대회를 성공적 선교와 선교 동원으로 착각하는 경우가 있는데, 이는 한국적 약점인 거품과 과장의 한 모습일 수도 있음을 겸허히 인정하고 반성할 필요가 있다고 본다. 국내 선교대회의 강사들이 소수의 인기 선교사들로 제한되는 경향은 아쉬운 점인데, 현장의 선교사들의 중심 단체인 세계한인선교대회(KWMC)와 긴밀한 대화와 협의를 통해 바람직한 역할 분담이 일어나야 할 것이다. 세계한인선교대회는 2024년 LA에서 각 선교 현장을 대표하는 참신한 선교사들을 발제자로 선발하여 세미나를 계획하고 있다.

결과적으로, 오늘날 급변하는 시대에 걸맞은 선교 동원과 훈련과 파송과 현장 사역의 아름다운 열매를 주님께 드리기 위해서는 각 분야의 실무자들이 정기적으로 모여 머리를 맞대고 방콕 선교포럼처럼 일 년에 한 주라도 모여서 한국선교의 총체적인 그림을 확인, 평가하고 미래를 향한 지도(Road Map)를 그리는 일이 꼭 필요하다고 생각한다.

끝으로 장차 효과적인 세계 선교를 위하여 반드시 실현되어야 할 사항을 몇 가지 제안하고자 한다.

1. 효과적인 세계 선교는 무엇보다도 시대에 적응하는 선교를 해야 한다.

2. 과거의 구태의연한 세계 선교의 방식에서 벗어나서 현재 사용하고 있는 정보 통신인 computer 기술과 internet을 통해 세계 어느 곳에서나 복음전도를 좀 더 효과적으로, 조직적으로 할 수 있어야 한다.

3. 교통의 편리에 따라 지구촌이 한 지붕 안에 있는 것처럼 세계 어디서든지 Website나 Zoom을 통해 다양한 방식의 선교를 하도록 준비해야 한다.

4. 지금까지 시행해오던 선교 방식인 개체교회, 노회, 교단을 통한 선교보다 모든 교단들이 연합하여 하나의 창구로 된 초교파적인 선교단체로서 조직적이고, 효과적이며 규모가 큰 연합선교기관의 설립이 급선무이다.

5. 물론 한국세계선교협의회(KWMA)나 한인세계선교협의회(KWMC) 등 사단법인인 세계 선교기관이 있으나 완전히 하나의 초교파 연합선교기관이라고 말할 수는 없다. 한국 기독교 초기에 미국, 영국, 캐나다, 호주 등의 선교사들이 초교파 연합선교회를 설립하여 한국을

몇 개 지역으로 나누어 선교하면서 큰 효과를 거둔 것을 거울로 삼아야 한다.

6. 이 연합선교기관 아래 다양하고 많은 프로그램을 활용하도록 해야 한다. 이 연합선교기관을 통해 여러 분야의 전문 사역자를 선택하여 장기간 훈련시킬 수 있는 전문 선교사역자 교육센터를 만들어야 한다.

7. 또 파송지역의 형편에 따라 그 지역에 맞는 전문적인 교육을 집중적으로 실시하고 그리고 현지의 언어와 문화에 충분히 적응할 수 있도록 충분한 시간과 정신 내지 정서 교육도 아울러 마련해 주어야 한다.

8. 그리고 연합선교기관을 돕기 위해 각 교단마다 전문적인 선교사의 양성을 위해 선교대학원이 설립되어야 한다.

9. 파송될 선교사는 일회적이나 단기 선교보다 장기간 봉사할 수 있는 전문 선교사들을 훈련하여 파견하는 것이 바람직하다.

10. 파송되는 선교사들에 대한 충분한 재정적 뒷받침이 있어야 한다. 파송 선교사들의 자녀 교육비는 물론 건강보험 내지는 은퇴를 위한 연금보장제도도 필요하다.

11. 파송선교사들을 위한 안식년 제도를 마련하여 선교의 재충전 교육은 물론 그 외에 파송 선교사들의 정규적인 계속 교육(Continuing Education)도 필수적이다.

12. 그 밖에 일회적이나 단기 선교사들 그리고 자원봉사자들을 위해 현지 적응을 위한 집중 교육이나 계속 교육도 필요하다.

13. 무엇보다 성공적인 연합선교를 위해서 각 교단이나 교회들이 얼마나 적극적으로 협조하느냐에 따라 선교의 성패가 놓여 있다는 것을 명심해야 한다.

참고문헌

Kane, Herbert J:

1. Concise History of the Christian World Mission: Baker Book House, Grand Rapids Michigan, 1982
2. Christian Missions in Biblical Perspective: Baker Book House, Grand Rapids Michigan, 1980
3. Understanding Christian Missions: Baker Book House, Grand Rapids Michigan, 1982
4. Life & work on the Mission Field: Baker Book House, Grand Rapids Michigan, 1984
5. The Christian World Missions: Today & Tomorrow: Baker Book House, Grand Rapids Michigan, 1981

1. 세계선교역사현황(100장면): 두란노 서원 , 서울, 2010
2. Statistics of the World Missions(세계선교통계): International Bulletin Missionary Research , New York, 2021
3. 기독교 세계선교사: 전문협력기구(Hope): 서울 2020
4. 세계선교역사 현황: 크리스챤 웹진소리, 경기 남양, 2008
5. 한국지도자 Forum: 한국세계선교협의회(KWMA): 서울 2023
6. 예수교 장로회 고시총회 선교회 보고: 대전 2021
7. 하나님 나라와 선교: 대한기독교서회: 서울 2001